DEUTSCHE TEXTE

10

DEUTSCHE DRAMATURGIE
DES
19. JAHRHUNDERTS

HERAUSGEGEBEN
VON
BENNO VON WIESE

MAX NIEMEYER VERLAG TÜBINGEN
1969

© Max Niemeyer Verlag Tübingen 1969
Alle Rechte vorbehalten · Printed in Germany
Satz und Druck Poppe & Neumann, Graph. Betrieb, Konstanz
Einband von Heinr. Koch, Tübingen

INHALTSVERZEICHNIS

I. Theorie des Dramas

Jean Paul	Verhältnis des Drama und des Epos	3
	Aus: Fernere Vergleichung des Drama und des Epos	5
	Epische und dramatische Einheit der Zeit und des Orts	7
August Wilhelm Schlegel	*Das Dramatische und das Theatralische*	9
Friedrich Wilhelm Joseph von Schelling	*Aus:* Von der Tragödie	17
Karl Wilhelm Ferdinand Solger	*Aus:* Von der dramatischen Poesie	27
Arthur Schopenhauer	*Das Trauerspiel*	32
Georg Wilhelm Friedrich Hegel	*Über die Tragödie*	35
	Schuld und Unschuld	40
	Über die Komödie	41
Karl Immermann	*Aus:* Tragische Ironie	44
Georg Büchner	*Dichter und Geschichte*	45
Franz Grillparzer	*Aus:* Ueber den gegenwärtigen Zustand der dramatischen Kunst in Deutschland	47
	Vom Schicksal	48
Johann Nestroy	*Über das Schicksal*	52
Friedrich Hebbel	*Aus:* Mein Wort über das Drama!	55
	Aus: Vorwort zur „Maria Magdalene"	56

FRIEDRICH THEODOR VISCHER	*Aus:* Zum neueren Drama. Hebbel	64
HERMANN HETTNER	*Über die neuere Tragödie* . . .	69
GUSTAV FREYTAG	Spiel und Gegenspiel	70
WILHELM DILTHEY	*Aus:* Die Gliederung der Tragödie	77

II. KRITIK DES DRAMAS

1. Antike

AUGUST WILHELM SCHLEGEL	*Über Antigone*	85
GEORG WILHELM FRIEDRICH HEGEL	*Antigone*	86
FRIEDRICH HÖLDERLIN	*Aus:* Anmerkungen zum Oedipus .	88
THEODOR FONTANE	*Aus:* Sophokles: König Ödipus .	89

2. Calderon

AUGUST WILHELM SCHLEGEL	*Über Calderon*	92
JOHANN WOLFGANG VON GOETHE	Die Tochter der Luft	96
KARL IMMERMANN	Calderons „Die Tochter der Luft"	98

3. Shakespeare

CHRISTIAN DIETRICH GRABBE	*Aus:* Über die Shakspearo-Manie .	105
OTTO LUDWIG	*Aus:* Shakespeare-Studien . . .	109
	Keine Tugendhelden. Tragische Formel Shakespeares	109
	Einfachheit der Maschinerie . .	111
	Das Verbergen der Maschinerie. Schuld und Charakter	111

Ludwig Börne	*Aus:* Hamlet von Shakespeare	112
Friedrich Theodor Vischer	*Aus:* Shakspeares Hamlet	116
Friedrich Nietzsche	*Hamlet als dionysischer Mensch*	118

4. Schiller

Christian Dietrich Grabbe	*Aus:* Wallensteins Tod	120
Georg Wilhelm Friedrich Hegel	Ueber „Wallenstein"	122
Ludwig Tieck	*Aus:* Die Piccolomini. Wallensteins Tod	123
Otto Ludwig	*Wallenstein*	130

Quellennachweis 135

VORWORT

Der Herausgeber läßt seinem zuerst 1956 erschienenen Band „Deutsche Dramaturgie vom Barock bis zur Klassik" hier einen zweiten über die deutsche Dramaturgie im 19. Jahrhundert folgen, der noch durch einen weiteren über das 20. ergänzt werden soll. Der geistesgeschichtliche Wandel, der sich in dieser Epoche ereignet, spiegelt sich auch in der neuen Einteilung dieses Bandes, der zwischen Theorie des Dramas und Kritik des Dramas unterscheidet. Stärker als bisher setzt in unserem Zeitraum die kritische Analyse einzelner Dramen ein, die oft schon, seit August Wilhelm Schlegel, interpretierenden Charakter hat. Selbst ein Systematiker wie Vischer hat sein Bestes zum Verständnis des Dramas mehr in seinen „Kritischen Gängen" als in seiner „Ästhetik" gegeben. Die Analyse eines einzelnen Werkes löst mehr und mehr die bloße Theorie ab.

In der ersten Hälfte des Jahrhunderts behält jedoch die spekulative Philosophie über das Tragische und Komische noch einen erheblichen Raum (Schelling, Solger, Schopenhauer, Hegel, Hebbel). Nur bei Jean Paul klingt die für Goethe und Schiller so entscheidende Frage nach dem Unterschied der epischen und dramatischen Darstellungsform weiter nach. Jedoch hat die Lehre von der Nachahmung und die Aristoteles-Exegese fast überall ihre Bedeutung verloren. Hingegen gewinnen seit der Spätromantik die Kategorien von Schicksal und Verhängnis (Jean Paul, Grillparzer und in ironischer Umkehr auch bei Nestroy), ferner das Verhältnis von Schuld und Unschuld (Hegel, auch Vischer in seiner „Ästhetik") und eine neue Auffassung von tragischer Ironie (Immermann) erhöhte Bedeutung. Auch der Zusammenhang von Drama und Theater gehört zur spezifischen Fragestellung der Romantik (A. W. Schlegel, Tieck). Die Überwindung der ständischen Höhenlage und die Theorie des bürgerlichen Trauerspiels, die schon mit dem 18. Jahrhundert einsetzte, findet bei Autoren wie Hebbel und Vischer ihre Fortsetzung. Im Lustspiel wird vor allem die entscheidende Rolle des Zufalls gesehen (Jean Paul, Solger, Hegel). Daß die für dieses Jahrhundert so charakteristische Auseinandersetzung mit der Geschichte auch theoretisch ihren Niederschlag gefunden hat, zeigen uns Autoren wie A. W. Schlegel, Büchner und Hebbel. Gegen Ende des Jahrhunderts tritt das Spekulative immer stärker zurück zugunsten eines neuen Verhältnisses zum Stoff und zur Technik des Dramas, zu seinem Bau und seiner Gliederung (so bereits bei Immermann, vor allem aber bei Freytag und Dilthey).

Wie sehr dennoch die Praxis das Übergewicht über die Theorie gewinnt, zeigt die erstaunliche Tatsache, daß ein so überragender Dramatiker wie Heinrich von Kleist in diesem Bande n i c h t vertreten ist. Aber er hat sich nirgends, auch nicht in Briefen, zu dramaturgischen Fragen geäußert. Die Rezeption Shakespeares fand in dem Schiller-Gegner Otto Ludwig ihre Fortsetzung, schlug aber schon vorher bei Grabbe in kritische Vorbehalte um. Da für das deutsche Interesse die Hamlet-Gestalt besonders anziehend blieb, habe ich dafür im Verfahren der wechselseitigen Spiegelung mit Börne, Vischer und Nietzsche kennzeichnende Beispiele gegeben. Neben Shakespeare findet aber auch die traditionelle Auseinandersetzung mit dem antiken Drama ihre Fortsetzung. Die Deutung der „Antigone" durch A. W. Schlegel und Hegel, beziehungsweise des „König Ödipus" durch Hölderlin und Fontane sollte dafür stellvertretend stehen. Auf Immermanns viel zu wenig bekannte Aristophanes-Analyse mußte leider, wie auf so manches andere auch, aus Raumgründen verzichtet werden.

Antikes Drama und Shakespeare, diese Polarität liegt auf der Linie der Überlieferung. Als neu entdeckte geschichtliche Kraft tritt der Spanier Calderon hinzu, der nicht zuletzt durch die Würdigung des alten Goethe zum romantischen „Klassiker" geworden ist, von Friedrich und August Wilhelm Schlegel bis zu Immermann. Dieser wurde als Kritiker bisher zu sehr vernachlässigt.

Schließlich ist die vorwiegend skeptische, zuweilen sogar bösartige Auseinandersetzung mit Schiller für unseren Zeitraum mitbestimmend. Auch dafür habe ich die Methode der wechselseitigen Spiegelung gewählt, diesmal am Beispiel des „Wallenstein" und seiner kritischen Durchleuchtung durch Grabbe, Hegel,

Tieck und Otto Ludwig. Wechselseitige Spiegelung bestimmte auch die Auswahl bei Freytag und Dilthey oder bei Hebbel und Vischer.

Der Herausgeber konnte nicht ganz auf eigene Titel verzichten, die das Verständnis des nachfolgenden Textes erleichtern sollen. Diese Titel, möglichst sparsam verwendet, erscheinen in Kursivschrift. Die Schreibung und Interpunktion der jeweiligen Vorlage wurden genau beibehalten. Der Quellennachweis unterrichtet über die Druckvorlagen und den Erstdruck (= ED) der Texte. Die Entstehungszeit ist zusätzlich angeführt, wenn der Erstdruck längere Zeit nach der Entstehung erfolgte. Der Aufbau des ganzen Bandes ist systematisch nach den beiden Hauptgruppen geordnet, ohne daß die Chronologie darüber ganz preisgegeben wurde. Kürzungen innerhalb der Texte sind nach Möglichkeit vermieden worden, in jedem Falle aber durch drei Punkte gekennzeichnet.

Am Ende dieses Vorwortes sei der Dank an Dr. Hartmut Steinecke ausgesprochen, der mich mit Rat und Hilfe und beim Lesen der Korrekturen unterstützt hat.

Der Herausgeber hofft, daß auch diese zweite, unvermeidlich auf Konzentration angewiesene Sammlung bei Übungen und Seminaren im germanistischen Unterricht sich als nützlich erweisen, vielleicht sogar darüber hinaus ihre interessierten Leser finden möge.

Bonn, Juli 1968   Benno von Wiese

I
THEORIE DES DRAMAS

JEAN PAUL

Verhältnis des Drama und des Epos

Wenn nach Herder der bloße Charakter sich auf nichts stützt: auf was ist denn die bloße Fabel gebauet? Ist denn das dunkle Verhängnis, aus welchem diese springt – so wie jener auch –, etwas anders als wieder ein Charakter, als der ungeheure Gott hinter den Göttern, der aus seiner langen stummen Wolke den Blitz wirft und dann wieder finster ist und wieder ausblitzt? – Ist das Verhängnis nicht im Epos der Weltgeist, im Drama die Nemesis? – Denn der Unterschied zwischen beiden Dichtarten ist hell. Im Drama herrschet ein Mensch und zieht den Blitz aus der Wolke auf sich; im Epos herrschet die Welt und das Menschengeschlecht. Jenes treibt Pfahl-Wurzeln, dieses weite waagrechte. Das Epos breitet das ungeheuere Ganze vor uns aus und macht uns zu Göttern, die eine Welt anschauen; das Drama schneidet den Lebenslauf *eines* Menschen aus dem Universum der Zeiten und Räume und lässet uns als dürftige Augenblickwesen in dem Sonnenstrahle zwischen zwei Ewigkeiten spielen; es erinnert uns an uns, so wie das Epos uns durch seine Welt bedeckt. Das Drama ist das stürmende Feuer, womit ein Schiff auffliegt, oder das Gewitter, das einen heißen Tag entlädt; das Epos ist ein Feuerwerk, worin Städte, auffliegende Schiffe, Gewitter, Gärten, Kriege und die Namenzüge der Helden spielen; und ins Epos könnte ein Drama zur Poesie der Poesie als Teil eingehen. Daher muß das auf *einen* Menschen zusammengedrängte Drama die strengere Bindung in Zeit, Ort und Fabel unterhalten, wie es ja uns allen die Wirklichkeit macht. Für den tragischen Helden geht die Sonne auf und unter; für den epischen ist zu gleicher Zeit hier Abend, dort Morgen; das Epos darf über Welten und Geschlechter schweifen und (nach Schlegel) kann es überall aufhören, folglich überall fortfahren; denn wo könnte die Welt-, d.h. die Allgeschichte, aufhören? Daher Cervantes' epischer Roman nach dem ersten Beschlusse noch zwei Fortsetzungen erhielt, eine von fremder, eine von eigner Hand.

Die alte Geschichte ist mehr episch, wie die neuere mehr dramatisch. Jener, besonders einem Thukydides und Livius, wurde daher schon von Franzosen* der Mangel an Monat- und Tagbestimmungen wie an Zitationen vorgeworfen; aber diese dichterische Weite der Zeit, wiewohl ebensogut die Tochter der Not als des Gefühls, sammelt gleichsam über der Geschichte und ihren Häuptern poetische Strahlen entlegner Räume und Jahre.

Wie kommt nun das *Schicksal* ins Trauerspiel? – Ich frage dagegen: wie kommt das *Verhängnis* ins Epos und der *Zufall* ins Lustspiel?

Das Trauerspiel beherrscht *ein* Charakter und sein Leben. Wäre dieser rein gut oder rein schlecht: so wäre entweder die historische Wirkung, die Fabel, rein durch diese bestimmte Ursache gegeben und jeder Knoten der Verwicklung aufgehoben, der letzte Akt im ersten gespielt, oder, wenn die Fabel das Widerspiel des Charakters spielen sollte, uns der empörende Anblick eines Gottes in der Hölle und eines Teufels im Himmel gegeben. Folglich darf der Held – und sei er mit Neben-Engeln umrungen – kein Erz-Engel, sondern muß ein fallender Mensch sein, dessen verbotener Apfelbiß ihm vielleicht eine Welt kostet. Das tragische Schicksal ist also eine Nemesis, keine Bellona; aber da auch hier der Knoten zu bestimmt und nicht episch sich schürzte, so ist es das mit der Schuld verknüpfte Verhängnis; es ist das umherlaufende lange Gebirgs-Echo eines menschlichen Mißtons.

Aber im Epos wohnt das *Verhängnis*. Hier darf ein vollkommenster Charakter, ja sein Gott erscheinen und streben und kämpfen. Da er nur dem Ganzen dient und da kein Lebens-, sondern ein Welt-Lauf erscheint: so verliert sich sein Schicksal ins allgemeine. Der Held ist nur ein Strom, der durch ein Meer zieht, und hier teilt die Nemesis ihre Strafen weniger an Individuen als an Geschlechter und Welten aus. Unglück und Schuld begegnen sich nur auf Kreuzwegen. Daher können die Maschinen-Götter und Götter-Maschinen in das Epos mit ihrer Regierung der Willkür eintreten, indes ein helfender oder feindlicher

---

* Z. B. in Mélanges d'histoire etc. par M. de Vigneul-Marville II. p. 321.

Gott das Drama aufriebe; so wie ein Gott die Welt anfing, aber keinen einzelnen. Eben darum wird dem epischen Helden nicht einmal ein scharfer Charakter zugemutet. Im Epos trägt die Welt den Helden, im Drama trägt ein Atlas die Welt – ob er gleich dann unter oder in sie begraben wird. Dem Epos ist das Wunder unentbehrlich; denn das Weltall herrscht, das selber eines ist, und worin alles, mithin auch die Wunder sind; auf seiner Doppelbühne von Himmel und Erde kann alles vorgehen und daher kein einzelner Held der Erde sie beherrschen, ja nicht einmal ein Held des Himmels allein, oder ein Gott, sondern Menschen und Götter zugleich. Daher ist im Epos die Episode kaum eine, so wie es in der Weltgeschichte keine gibt, und in der Messiade ist der ganze eilfte Gesang (nach Engel) eine Episode und eine beschreibende dazu; daher kann das Epos keinen neuern Helden, sondern bloß einen gealterten gebrauchen, der schon in den fernen Horizont-Nebeln der tiefen Vergangenheit wohnt, welche die Erde mit dem Himmel verflößen. Um so weniger wundere man sich bei so schwierigen Bedingungen des Stoffes, daß die meisten Länder nur *einen* epischen Dichter aufweisen und manche gar keinen, wie nicht nur Frankreich, sondern sogar Spanien, welches letzte sonst in seinen späteren Romanen epischen Geist genug beweiset, so wie jenes in seinen früheren.

Im Lustspiel – als dem umgekehrten oder verkleinerten Epos und also Verhängnis – spielet wieder der Zufall ohne Hinsicht auf Schuld und Unschuld. Der Musen-Gott des epischen Lebens besucht, in einen kleinen Scherz verkleidet, eine kleine Hütte; und mit den unbedeutenden leichten Charakteren der Komödie, welche die Fabel nicht bezwingen, spielen die Windstöße des Zufalls.

Aus: Fernere Vergleichung des Drama und des Epos

Das Epos *schreitet* durch äußere *Handlung* fort, das Drama durch innere, zu welchen jenes Taten, dieses Reden hat. Daher die epische Rede eine Empfindung bloß zu *schildern** braucht,

---

* Daher durfte Schillers Jungfrau von Orleans nicht die ruhigen langen Beschreibung-Reden der homerischen Helden halten oder hören; so wenig als umgekehrt Odysseus' Reden im Philoktet passen würden in die Odyssee.

die dramatische aber sie *enthalten* muß. Wenn also der Heldendichter die ganze Sichtbarkeit – Himmel und Erde – und Kriege und Völker – auf seiner Lippe trägt und bringt: so darf der Schauspieldichter mit dieser Sichtbarkeit die Unsichtbarkeit, das Reich der Empfindungen, nur leicht umkränzen. Wie kurz und unbedeutend wird eine Schlacht, ein großer Prachtzug vor der Einbildung des dramatischen Lesers durch eine Zeitung-Note vorübergeführt, und wie kräftig hingegen schlagen die Worte der Geister! Beides kehrt sich im Epos um; in diesem schafft und hebt die Sichtbarkeit das innere Wort, das Wort des Dichters das des Helden, wie umgekehrt im Drama die Rede die Gestalt. Weit objektiver als das Epos ist – die Person des Dichters ganz hinter die Leinwand seines Gemäldes drängend – daher das Drama, das sich ohne sein Zwischenwort in einer epischen Folge lyrischer Momente ausreden muß. Wäre das Drama so lang als ein epischer Gesang, so würd' es weit mehre Kräfte zu seinen Siegen und Kränzen brauchen als dieser. Daher wurde das Drama bei allen Völkern ohne Ausnahme erst in den Jahren ihrer Bildung geboren, indes das Epos zugleich mit der Sprache entsprang, weil diese anfangs (nach Platner) nur das Vergangne ausdrückte, worin ja das epische Königreich liegt.

Sonderbar, aber organisch ist die Mischung und Durchdringung des Objektiven und Lyrischen im Drama. Denn nicht einmal ein Mitspieler kann mit Wirkung den tragischen Helden schildern; der Dichter erscheint sonst als Seelen-Souffleur; alles Lob, welches dem Wallenstein ein ganzes Lager und darauf eine ganze Familie zuerkennt, verfliegt entkräftet und mehr den Redner als den Gegenstand hebend und als etwas *Äußerliches*, weil wir alles aus dem Innern wollen steigen sehen; indes in dem Epos, dem Gebiete des Äußerlichen, die Lobsprüche der Neben-Männer gleichsam als eine zweite, aber hörbare Malerei dem Helden glänzen helfen. Das Dasein des Lyrischen zeigen – außer den Charakteren, deren jeder ein objektiver Selbst-Lyriker ist – besonders die alten Chöre, diese Urväter des Drama, welche in Äschylus und Sophokles lyrisch glühen; Schillers und anderer Sentenzen können als kleine Selbst-Chöre gelten, welche nur höhere Sprichwörter des Volks sind; daher Schiller die Chöre, diese Musik der Tragödie, wieder aufführt, um in sie seine lyrischen Ströme abzuleiten. Den Chor selber muß jede Seele, welche der Dichtkunst eine höhere Form als die bretterne der Wirklichkeit vergönnt, mit Freuden auf dem Druckpapier aufbauen; ob auf der rohen Bühne vor rohen Ohren und ohne Musik, das braucht, wenn nicht Untersuchung, doch Zeit. ...

Epische und dramatische Einheit der Zeit und des Orts

Große Unterschiede durch Wegmesser ergeben sich hier für den Gang beider Dichtungsarten. Das Epos ist *lang* und *lange* zugleich, breit und schleichend; das Drama läuft durch eine *kurze* Laufbahn noch mit Flügeln. Wenn das Epos nur eine Vergangenheit malt und eine äußere Welt, das Drama aber Gegenwart und innere Zustände: so darf nur jene langsam, diese darf nur kurz sein. Die Vergangenheit ist eine versteinerte Stadt; – die Außen-Welt, die Sonne, die Erde, das Tier- und Lebenreich stehen auf ewigem Boden. Aber die Gegenwart, gleichsam das durchsichtige Eisfeld zwischen zwei Zeiten, zerfließt und gefrieret in gleichem Maße, und nichts dauert an ihr als ihr ewiges Fliehen – Und die innere Welt, welche die Zeiten schafft und vormißt, verdoppelt und beschleunigt sie daher; in ihr *ist* nur das *Werden*, wie in der äußern das *Sein* nur *wird*; Sterben, Leiden und Fühlen tragen in sich den Pulsschlag der Schnelligkeit und des Ablaufs.

Aber noch mehr! Zur dramatischen lyrischen Wechsel-Schnelle des Innern und des Jetzos tritt noch die zweite äußere der Darstellung. Eine Empfindung – einen Schmerz – eine Entzückung zu versteinern oder ins Wachs des Schauspielers zum Erkalten abzudrücken: gäb' es etwas Widrigeres? Sondern, wie die Worte fliehen und fliegen, so müssens die Zustände. Im Drama ist *eine* herrschende Leidenschaft; diese muß steigen, fallen, fliehen, kommen, nur nicht halten.

Ins Epos können alle hineinspielen, und diese schlüpfrigen Schlangen können sich alle zu einer festen Gruppe verstricken. Im Drama kann die Zahl der Menschen nicht zu klein*, wie im Epos nicht zu groß sein. Denn da sich dort nicht, wie hier, jeder Geist entwickeln kann, weil jeder für die innern Bewegungen zu

---

* Daher geht durch die Menge bei Shakespeare oft das epische Drama in ein dramatisches Epos über.

viel Spielraum und Breite bedürfte: so wird entweder durch allseitige Entwicklung die Zeit verloren, oder durch einseitige die Spiel-Menge. Man hat noch zu wenig aus der Erlaubnis der Vielheit epischer Mitspieler auf die Natur des Epos geschlossen.

Das erste rechte Heldengedicht ließ auf einmal zwei Völker spielen; wie das erste rechte Trauerspiel zwei Menschen (die Odyssee, gleichsam der epische Ur-Roman, ersetzt bei der Einschränkung auf *einen* Helden die Menge der Spieler durch die Menge der Länder). Je mehr nun Mitarbeiter an *einem* Ereignis, desto weniger abhängig ist dieses von einem Charakter, und desto vielseitigere Wege bleiben dem Einspielen fremder mechanischer Weltkräfte aufgetan. Der Maschinengott selber ist uns auf einmal viele Menschen zugleich geworden.

Mit der notwendigen Minderzahl der Spieler im Drama ist für die Einheit der dramatischen Zeit gerade so viel bewiesen, als gegen die Einheit des dramatischen Orts geleugnet. Denn ist einmal *Gegenwart* der zeitliche Charakter dieser Dichtart: so steht es nicht in der Macht der Phantasie, über eine gegenwärtige Zeit, welche ja eben durch uns allein erschaffen wird, in eine künftige zu flattern und unsere eigenen Schöpfungen zu entzweien. Hingegen über Örter, Länder, die zu gleicher Zeit existieren, fliegen wir leicht. Da auf einmal mit dem Helden Asia, Amerika, Afrika und Europa existieren: so kann es, weil die Dekoration doch die Orte verändert, uns einerlei sein, in welchen von den gleichzeitigen Räumen der Held verfliege. Hingegen andere Zeiten sind andere Seelen-Zustände – und hier fühlen wir stets den Schmerz des Sprungs und Falls.

Daher dauert bei Sophokles das wichtigste Zeitspiel oft vier Stunden. Aristoteles fodert *einen* Tag oder *eine* Nacht als die dramatische Spiel-Grenze. Allerdings fällt er hier in den ab- und wegschneidenden Philosophen. Denn wird nur die *innere Zeit* – der Wechsel der Zustände – rein durchlebt, nicht nachgeholt: so ist jede äußere so sehr unnütz, daß ohne die innere ja sogar der kleine Sprung von einem aristotelischen Morgenstern bis zum Abendstern eine gebrochne Zeit-Einheit geben würde. – Überhaupt bedenke sogar der dramatische Dichter in seinem Ringen nach Ort- und Zeit-Einheit, daß Zeit und Ort bloß vom Geiste, nicht vom Auge – das im äußern Schauspiele nur die Abschattung des innern erblickt – gemessen werden; und er darf, hat er nur einmal Interesse und Erwartung für eine Ferne von Zeit und Ort hoch genug entzündet und diese durch Ursach-Verkettung mit dem Nächsten gewaltsam herangezogen, die weitesten Sprünge über die Gegenwart wagen; – denn geflügelt springt man leicht.

AUGUST WILHELM SCHLEGEL

Das Dramatische und das Theatralische

Was ist dramatisch? Die Antwort dürfte vielen sehr leicht dünken: wo verschiedene Personen redend eingeführt werden, der Dichter aber in eigner Person gar nicht spricht. Dies ist indessen nur die erste äußere Grundlage der Form; sie ist dialogisch. Wenn die Personen zwar Gedanken und Gesinnungen gegeneinander äußern, aber ohne eine Veränderung in dem Mitredenden zu bewirken, wenn beide am Ende sich in derselben Gemütsverfassung finden, wie zu Anfange, so kann das Gespräch durch seinen Inhalt merkwürdig sein, aber es erregt kein dramatisches Interesse. Ich will dies an einer ruhigeren, nicht für die Schaubühne bestimmten Gattung, dem philosophischen Dialog, deutlich machen. Wenn beim Plato Sokrates den aufgeblasenen Sophisten Hippias befragt, was das Schöne sei, dieser anfangs mit einer oberflächlichen Antwort gleich bei der Hand ist, nachher aber durch die verkleideten Einwendungen des Sokrates genötigt wird, seine erste Erklärung aufzugeben und nach andern Begriffen umherzutappen, endlich gar beschämt und unwillig über den überlegenen Weisen, welcher ihm seine Unwissenheit bewiesen hat, das Feld zu räumen, so ist dies Gespräch nicht bloß philosophisch unterrichtend, sondern es unterhält als ein kleines Drama. Und mit Recht hat man diese lebendige Bewegung in dem Gedankengange, diese Spannung auf den Ausgang, mit einem Wort das Dramatische, an den Dialogen des Plato gerühmt.

Hieraus läßt sich schon der große Reiz der dramatischen Poesie begreifen. Tätigkeit ist der wahre Genuß des Lebens, ja das Leben selbst. Bloß leidende Genüsse können in eine dumpfe Behaglichkeit einwiegen, wobei aber doch, wenn irgend innere

Regsamkeit da ist, die Langeweile nicht ausbleiben kann. Die meisten Menschen sind nun durch ihre Lage, oder auch, weil sie ungemeiner Anstrengungen nicht fähig sind, in einen engen Kreis unbedeutender Tätigkeiten festgebannt. Ihre Tage wiederholen sich nach dem einschläfernden Gesetz der Gewohnheit, ihr Leben rückt nur unmerklich fort und wird aus einem reißenden Strome, den die ersten Leidenschaften der Jugend gebildet hatten, zu einem stehenden Sumpf. Aus dem Mißbehagen, das sie darüber empfinden, suchen sie sich durch allerlei Spiele zu retten, welche immer in einer willkürlich aufgegebenen, mit Schwierigkeiten kämpfenden, dennoch leichten Geschäftigkeit bestehen. Unter allen Spielen ist aber das Schauspiel unstreitig das unterhaltendste. Wir sehen handeln, wenn wir nicht selbst bedeutend handeln können. Der höchste Gegenstand menschlicher Tätigkeit ist der Mensch, und im Schauspiele sehen wir Menschen in freundlichem oder feindseligem Verkehr ihre Kräfte aneinander messen, als verständige und sittliche Wesen durch ihre Meinungen, Gesinnungen und Leidenschaften aufeinander einwirken und ihre Verhältnisse gegenseitig entscheidend bestimmen. Durch Absonderung alles nicht zum Wesen der Sache gehörigen, alles dessen, wodurch in der Wirklichkeit die täglichen Bedürfnisse und die kleinliche Geschäftigkeit, welche sie fordern, den Fortschritt wesentlicher Handlungen unterbrechen, weiß die Kunst des Dichters vieles die Aufmerksamkeit und Erwartung Spannende in einen engen Raum zusammenzudrängen. Auf diese Art gibt er uns ein verjüngtes Bild des Lebens, einen Auszug des Beweglichen und Fortrückenden im menschlichen Dasein.

Dies ist noch nicht alles. Schon in einer lebhaften mündlichen Erzählung pflegt man die Personen häufig redend einzuführen und darnach Ton und Stimme zu wechseln. Allein die Lücken, welche diese Reden noch in der Anschaulichkeit der erzählten Geschichte lassen würden, füllt der Erzähler durch Schilderung der begleitenden Handlungen oder andrer Vorfälle in seinem eignen Namen aus. Auf dieses Hilfsmittel tut der dramatische Dichter Verzicht, er findet aber reichlichen Ersatz dafür in folgender Erfindung. Er verlangt, daß jede seiner mithandelnden Personen durch einen wirklichen Menschen vorgestellt werde; daß dieser an Geschlecht, Alter und Gestalt so viel möglich den Voraussetzungen von seinem erdichteten Wesen gleiche, ja dessen ganze Eigentümlichkeit annehme: daß er jede Rede mit dem angemessenen Ausdruck der Stimme, der Mienen und Gebärden begleite und die äußerlichen Handlungen hinzufüge, welche sonst, um den Zuhörern klar zu werden, der Erzählung bedürfen würden. Noch mehr: diese Stellvertreter der Geschöpfe seiner Einbildungskraft sollen auch in der, ihrem angenommenen Stande, Zeitalter und Landesart entsprechenden Tracht erscheinen; teils um ihnen noch mehr zu gleichen, teils weil auch in den Kleidungen etwas Charakteristisches liegt. Endlich will er sie von einem Ort umgeben sehen, welcher dem, wo nach seiner Dichtung die Handlung vorgefallen sein soll, einigermaßen ähnlich sei, weil dies ebenfalls zur Anschaulichkeit beiträgt: er stellt sie auf eine Szene. Dies alles führt uns auf den Begriff des Theaters. Es ist offenbar, daß in der Form der dramatischen Poesie, d.h. in der Vorstellung einer Handlung durch Gespräche ohne alle Erzählung, die Anforderung des Theaters als ihrer notwendigen Ergänzung schon liegt. Wir geben zu, daß es dramatische Werke gibt, die von ihren Verfassern ursprünglich nicht für die Bühne bestimmt worden sind, die auch auf ihr keine sonderliche Wirkung machen würden, während sie sich vortrefflich lesen lassen. Ich bezweifle jedoch gar sehr, ob sie auf jemanden, der nie ein Schauspiel gesehn, auch keine Beschreibung davon gehört hätte, einen eben so lebendigen Eindruck machen würden als auf uns. Wir sind schon darauf geübt, beim Lesen dramatischer Werke uns die Aufführung hinzuzudenken. ...

Da, wie wir oben gezeigt haben, schon in der dramatischen Form die Voraussetzung der sichtbaren Darstellung und der Anspruch darauf liegt, so kann ein dramatisches Werk immer aus einem doppelten Gesichtspunkte betrachtet werden, inwiefern es poetisch, und inwiefern es theatralisch ist. Eines kann sehr wohl vom andern getrennt sein. Man mißverstehe hier nicht den Ausdruck poetisch: nicht vom Versbau und vom Schmuck der Sprache ist die Rede; damit wird, ohne höhere Belebung, auf der Bühne gerade am wenigsten geleistet, sondern von der Poesie im Geist und der Anlage eines Stücks; und diese kann in hohem Grade stattfinden, wenn es auch in Prosa geschrieben wäre, so wie umgekehrt. Wodurch wird nun ein Drama poetisch? Unstreitig eben dadurch, wodurch es auch Werke anderer Gattungen werden. Zuerst soll es ein zusammenhängendes, in sich geschlossenes befriedigendes Ganzes sein. Allein dies ist nur die negative Bedingung der Form eines Kunstwerkes, wodurch es von den ineinander verfließenden und nie ganz für sich bestehenden Erscheinungen der Natur ausgesondert wird. Zum poetischen Gehalte ist erforderlich, daß es Ideen, d. h. notwendige und ewig wahre Gedanken und Gefühle, die über das irdische Dasein hinausgehen, in sich abspiegle und bildlich zur Anschauung bringe. Welche Ideen dies in den verschiedenen dramatischen Gattungen sein sollen und können, das wird in der Folge der Gegenstand unserer Untersuchung sein; im Gegenteil werden wir auch zeigen, wie durch deren Abwesenheit ein Drama etwas ganz Prosaisches und Empirisches, d. h. bloß mit dem Verstande aus der Beobachtung des Wirklichen Zusammengestelltes wird.

Wodurch wird aber ein dramatisches Werk theatralisch, d. h. geschickt auf der Bühne mit Vorteil zu erscheinen? Ob es diese Eigenschaft besitzt, das ist im einzelnen Falle oft schwierig zu entscheiden. Besonders pflegt viel darüber hin und her gestritten zu werden, wenn die Eigenliebe der Schriftsteller und Schauspieler mit ins Spiel kommt; jeder schiebt die Schuld des Mißlingens auf den andern, und der, welcher die Sache des Dichters vertritt, beruft sich dann auf eine Vollkommenheit der Darstellung auf der Bühne, die er in Gedanken hat, und wozu die Mittel eben nicht vorhanden sind. Im allgemeinen aber ist die Beantwortung dieser Frage nicht so schwer. Die Aufgabe ist, auf eine versammelte Menge zu wirken, ihre Aufmerksamkeit zu spannen, ihre Teilnahme zu erregen. Der Dichter hat also einen Teil seines Geschäftes mit dem Volksredner gemein. Wodurch gelangt der letzte vornehmlich zu seinem Zweck? Durch Klarheit, Raschheit und Nachdruck. Alles was das gewöhnliche Maß von Geduld und von Fassungskraft übersteigt, muß er sorgfältig vermeiden. Ferner: viele versammelte Menschen sind sich gegenseitig eine Zerstreuung, solange ihr Ohr und Auge noch nicht auf ein gemeinschaftliches Ziel außer ihrem Kreise hingelenkt ist. Daher muß der dramatische Dichter sowohl als der Volksredner seine Zuhörer gleich vom Anfange durch starke Eindrücke aus sich heraus versetzen, er muß ihrer Aufmerksamkeit gleichsam körperlich gebieten. Es gibt eine Art von Poesie, die ein zu einsamer Beschaulichkeit gestimmtes Gemüt leise anregt, ungefähr wie gelinde Lüfte Akkorde aus einer Äolsharfe hervorrufen.

Diese Poesie, wie vortrefflich sie sonst sein möchte, würde ohne andre Begleitung auf der Bühne ungehört verhallen. Die schmelzende Harmonika ist nicht dazu gemacht, den Tritt eines Heeres zu ordnen und anzufeuern. Dazu gehören durchdringende Instrumente, besonders aber ein entschiedener Rhythmus, der den Pulsschlag beschleunigt und das sinnliche Leben in rascheren Schwung setzt. Diesen Rhythmus in der Fortbewegung eines Dramas sichtbar zu machen, ist das Haupterfordernis. Ist dies einmal gelungen, dann darf der Dichter sich schon eher in seiner raschen Laufbahn verweilen und seiner Neigung nachhängen. Es gibt Punkte, wo die entfaltetste oder geschmückteste Erzählung, die begeistertste Lyrik, die tiefsinnigsten Gedanken und entferntesten Andeutungen, die sinnreichsten Spiele des Witzes, die glänzendsten einer gaukelnden und in den Lüften schwebenden Phantasie schon an ihrer Stelle sind, und wo die vorbereiteten Zuhörer, auch solche, die nicht ganz fassen können, diesem allem mit begierigem Ohr folgen werden, wie einer zu ihrer Stimmung passenden Musik. Hierbei ist die große Kunst des Dichters, die Wirkung der Gegensätze zu benutzen, wodurch es möglich wird, ruhige Stille, in sich gekehrte Betrachtung, ja die nachlässige Hingegebenheit der Erschöpfung, ebenso auffallend hervorzuheben, als in andern Fällen die gewaltsamste Bewegung, den heftigsten Sturm der Leidenschaften. In Ansehung des Theatralischen dürfen wir aber doch nicht vergessen, daß dabei immer etwas in Bezug auf die Fähigkeiten und Neigungen der Zuhörer bestimmt werden muß, also nach den Nationen überhaupt und nach dem jedesmal vorhandenen Grade von Kunstbildung wechselt. Die dramatische Poesie ist gewissermaßen die weltlichste von allen Gattungen, denn aus der Stille eines begeisterten Gemüts scheut sie sich nicht unter das regste Gewühl des geselligen Lebens hinauszutreten. Der dramatische Dichter muß mehr als irgendein andrer um äußere Gunst, um lauten Beifall buhlen. Aber billig soll er sich nur scheinbar zu seinen Zuhörern herablassen, in der Tat aber sie zu sich emporheben.

Bei der Wirkung auf eine versammelte Menge verdient noch folgender Umstand erwogen zu werden, um ihre ganze Wichtigkeit einzusehen. Im gewöhnlichen Umgange zeigen die Menschen einander nur ihre Außenseite. Mißtrauen oder Gleichgültigkeit halten sie davon zurück, andere in ihr Inneres schauen zu lassen, und von dem, was unserm Herzen am nächsten liegt, mit einiger Rührung und Erschütterung zu sprechen, würde dem Ton der feinen Gesellschaft nicht angemessen sein. Der Volksredner und der dramatische Dichter finden das Mittel, diese Schranken konventioneller, durch die Sitte vorgeschriebner Zurückhaltung einzureißen. Indem sie ihre Zuhörer in so lebhafte Gemütsbewegungen versetzen, daß die äußeren Zeichen davon unwillkürlich hervorbrechen, nimmt jeder an den übrigen die gleiche Rührung wahr, und so werden Menschen, die sich bisher fremd waren, plötzlich auf einen Augenblick zu Vertrauten. Die Tränen, welche der Redner oder Schauspieldichter sie für einen verleumdeten Unschuldigen, für einen in den Tod gehenden Helden zu vergießen nötigt, befreunden, verbrüdern sie alle. Es ist unglaublich, welche verstärkende Kraft die sichtbare Gemeinschaft vieler für ein inniges Gefühl hat, das sich sonst gewöhnlich in die Einsamkeit zurückzieht oder nur in freundschaftlicher Zutraulichkeit offenbart. Der Glaube an dessen Gültigkeit wird durch seine Verbreitung unerschütterlich, wir fühlen uns stark unter so vielen Mitgenossen, und alle Gemüter fließen in einen großen unwiderstehlichen Strom zusammen. Eben deswegen ist aber das Vorrecht, auf die versammelte Menge wirken zu dürfen, einem sehr gefährlichen Mißbrauche ausgesetzt. Wie man sie für das Edelste und Beste uneigennützig begeistern kann, so läßt sie sich auf der andern Seite auch in sophistischen Truggeweben verstricken und von dem Schimmer falscher Seelengröße blenden, deren ehrgeizige Verbrechen als Tugend, ja als Aufopferung geschildert werden. Unter den gefälligen Einkleidungen der Redekunst und Poesie schleicht sich die Verführung unmerklich in die Ohren und Herzen ein. Vor allem hat sich der komische Dichter zu hüten, da er vermöge seiner Aufgabe immer an dieser Klippe hinstreift, daß er nicht dem Gemeinen und Niedrigen in der menschlichen Natur Luft mache, sich zuversichtlich zu äußern: ist durch den Anblick der Gemeinschaft auch in solchen unedlen Neigungen die Scham einmal überwunden, welche sie gewöhnlich in die Grenzen der Anständigkeit zurückdrängt, so bricht das Wohlgefallen am Schlechten bald mit zügelloser Frechheit los.

Diese demagogische Kraft im Guten und Bösen hat billig von jeher die Aufmerksamkeit der Gesetzgeber auf das Schauspiel gerichtet. Durch mancherlei Anstalten haben die Staaten gesucht, es nach ihren Zwecken zu lenken und dem Mißbrauche vorzubeugen. Die Aufgabe dabei ist, die zum Gedeihen schöner Kunst nötige ungezwungene Bewegung mit den Rücksichten zu vereinbaren, welche die jedesmalige Staats- und Sittenverfassung fordern. In Athen blühte das Theater unter dem Schutze des Götterdienstes in fast unbegrenzter Freiheit auf, und die öffentliche Sittlichkeit bewahrte es eine Zeit lang vor Ausartung. Die nach unsern Sitten und Ansichten unbegreiflich ungebundenen Komödien des Aristophanes, worin der Staat und das Volk selbst ohne Schonung lächerlich gemacht wurden, waren das Siegel der athenischen Volksfreiheit. Plato hingegen, der in eben diesem Athen lebte und den Verfall der Kunst schon unter seinen Augen oder voraus sah, wollte die dramatischen Dichter ganz aus seiner idealischen Republik verbannt wissen. Wenige Staaten haben für nötig erachtet, dies strenge Verdammungsurteil zu unterschreiben; allein wenige haben auch gut gefunden, das Theater ohne alle Aufsicht sich selbst zu überlassen. In manchen christlichen Ländern ist die dramatische Kunst gewürdigt worden, der Religion die Hand bieten zu dürfen, indem sie geistliche Stoffe behandelte; besonders in Spanien hat der Wetteifer hierin manche Werke hervorgebracht, welche gewiß weder die Andacht noch die Poesie verleugnen wird. In andern Staaten, unter andern Umständen, hat man dies anstößig und bedenklich gefunden. Wo aber eine vorgängige Aufsicht, nicht bloß Verantwortlichkeit des Dichters und Schauspielers hintennach für das auf der Bühne zur Schau Gebrachte, nötig erachtet wird, da ist sie vielleicht gerade darauf am schwierigsten anzuwenden, wo sie doch am wichtigsten wäre: nämlich auf den Geist und den Gesamteindruck eines Stücks. Vermöge der Natur der dramatischen Kunst muß der Dichter seinen Personen manches in den Mund legen, was er keineswegs zu billigen meint, er begehrt in Ansehung seiner Gesinnungen nach dem Zusammenhange des Ganzen beurteilt zu werden. Es könnte hingegen auch sein, daß ein Stück in Absicht auf die einzelnen Reden ganz unanstößig wäre und jeder bloß hierauf gerichteten Prüfung entginge, während es im Ganzen doch schädliche Wirkungen bezweckte. Wir haben gerade in unsern Zeiten Schauspiele genug erlebt, und sie haben in Europa Glück gemacht, die von Aufwallungen des guten Herzens und Streichen des Edelmutes überfließen, und worin für einen schärferen Blick dennoch die versteckte Absicht des Verfassers unverkennbar ist, die Strenge sittlicher Grundsätze und die Ehrerbietung vor dem, was dem Menschen heilig sein soll, zu untergraben und dadurch die schlaffe Weichlichkeit seiner Zeitgenossen für sich zu bestechen. Wenn jemand hingegen sich mit der sittlichen Verteidigung des so übel berüchtigten Aristophanes befassen wollte, dessen Ausgelassenheit im einzelnen nach unsern Begriffen ganz unzulässig scheint, so würde er auf die Absicht des Ganzen seiner Stücke gehen müssen, worin er sich wenigstens als einen vaterländisch gesinnten Bürger bewährt.

Alles Obige zweckt darauf ab, die Wichtigkeit des Gegenstandes unserer Betrachtungen einleuchtend zu machen. Das Theater, wo der Zauber mehrerer Künste vereinigt wirken kann; wo die erhabenste und tiefsinnigste Poesie zuweilen die gebildetste Schauspielkunst zur Dolmetscherin hat, die Schauspielkunst, welche zugleich Beredsamkeit und bewegliches Gemälde ist; während die Architektur eine glänzende Einfassung und die Malerei ihre perspektivischen Täuschungen herleiht, und auch die Musik zu Hilfe gerufen wird, um die Gemüter zu stimmen, oder die schon ergriffenen durch ihre Anklänge noch mächtiger zu treffen; das Theater endlich, wo die gesamte gesellige und künstlerische Bildung, welche eine Nation besitzt, die Frucht von jahrhundertelang fortgesetzten Bestrebungen, in wenigen Stunden zur Erscheinung gebracht werden kann: das Theater, sage ich, hat einen außerordentlichen Reiz für alle Alter, Geschlechter und Stände und war immer die Lieblingsergötzung geistreicher Völker. Hier sieht der Fürst, der Staatsmann und Heerführer die großen Weltbegebenheiten der Vorzeit, denen ähnlich, in welchen er selbst mitwirken konnte, nach ihren inneren Triebfedern und Beziehungen entfaltet; der Denker findet Anlaß zu den tiefsten Betrachtungen über die Natur und Bestimmung des Menschen; der Künstler folgt mit lauschendem Blick den vorüberfliehenden Gruppen, die er seiner Phantasie als Keime künftiger Gemälde einprägt; die empfängliche Jugend öffnet ihr Herz jedem erhebenden Gefühl; das Alter verjüngt sich durch Erinnerung: die Kindheit selbst sitzt mit ahnungsvoller Erwartung vor dem bunten Vorhange, der rauschend aufrollen soll, um noch unbekannte Wunderdinge zu enthüllen; alle finden Erholung und Aufheiterung und werden auf eine Zeit lang der Sorgen und des täglichen Drucks ihrer Lebensweise enthoben. Da nun aber die dramatische Kunst samt den begleitenden und zu ihrem Dienst verwendeten Künsten durch Vernachlässigung und gegenseitige Herabstimmung der Künstler und des Publikums dergestalt ausarten kann, daß das Theater zur gemeinsten und geistlosesten, ja zu einer wahrhaft verderblichen Zeittötung herabsinkt, so ist es gewiß nicht bloß auf eine flüchtige Unterhaltung abgesehen, wenn wir uns hier mit Betrachtung der Werke, welche die ausgezeichnetsten Völker in ihren schönsten Zeiten dafür hervorgebracht, und mit den Mitteln beschäftigen wollen, eine so bedeutende Kunst zu vervollkommnen.

FRIEDRICH WILHELM JOSEPH VON SCHELLING

Aus: Von der Tragödie

Das Wesentliche der Tragödie ist also ein wirklicher Streit der Freiheit im Subjekt und der Nothwendigkeit als objektiver, welcher Streit sich nicht damit endet, daß der eine oder der andere unterliegt, sondern daß beide siegend und besiegt zugleich in der vollkommenen Indifferenz erscheinen. Wir haben noch genauer als bisher zu bestimmen, auf welche Weise dieß der Fall seyn könne.

Nur da, wo die Nothwendigkeit das Uebel e verhängt, bemerkten wir, könne sie mit der Freiheit wahrhaft im Streit erscheinen.

Aber eben von welcher Art dieses Uebel seyn müsse, um der Tragödie angemessen zu seyn, ist die Frage. Bloß äußeres Unglück kann nicht dasjenige seyn, welches den wahrhaft tragischen Widerstreit hervorbringt. Denn daß die Person über äußeres Unglück sich erhebe, fordern wir schon von selbst, und sie wird uns nur verächtlich, wenn sie es nicht vermag. Der Held, der wie Ulyß auf der Heimkehr eine Kette von Unglücksfällen und vielfältiges Ungemach bekämpft, erweckt unsre Bewunderung, und wir folgen ihm mit Lust, aber er hat für uns kein tragisches Interesse, weil das Widerstrebende durch eine gleiche Kraft, nämlich durch physische Stärke oder durch Verstand und Klugheit bezwungen werden kann. Aber selbst Unglück, wogegen keine menschliche Hülfe möglich ist, z. B. unheilbare Krankheit, Verlust der Güter und dergl., hat, sofern es bloß physisch ist, kein tragisches Interesse; denn es ist eine nur noch untergeordnete und nicht die Schranken des Nothwendigen selbst überschreitende Wirkung der Freiheit, solche Uebel, die nicht zu ändern sind, mit Geduld zu ertragen.

Aristoteles in der Poetik* stellt folgende Fälle des Glückwechsels auf: 1) daß ein gerechter Mann aus dem Zustand des Glücks in Unglück verfalle; er sagt sehr richtig, daß dieß weder schrecklich noch bemitleidenswürdig, sondern nur abscheulich und darum zum tragischen Stoff untauglich sey; 2) daß ein Ungerechter aus widrigem Glück in günstiges übergehe. Dieß sey am wenigsten tragisch; 3) daß ein in hohem Grade Ungerechter oder Lasterhafter aus glücklichem Zustand in unglücklichen versetzt werde. Diese Zusammensetzung könne zwar die Menschenliebe berühren, aber weder Mitleid noch Schrecken hervorbringen. Es bliebe also nur ein mittlerer Fall übrig, nämlich daß ein S o l c h e r Gegenstand der Tragödie sey, welcher weder durch Tugend und Gerechtigkeit vorzüglich ausgezeichnet, noch auch durch Laster und Verbrechen ins Unglück falle, sondern durch einen I r r t h u m, und daß derjenige, dem dieß begegnet, von solchen sey, die zuvor im großen Glück und Ansehen gestanden, wie Oedipus, Thyestes u. a. Aristoteles setzt hinzu, daß aus diesem Grunde, da vor Zeiten die Dichter alle möglichen Fabeln auf die Bühne gebracht haben, jetzt – zu s e i n e r Zeit – die besten Tragödien sich auf wenige Familien beschränken, wie auf den Oedipus, Orestes, Thyestes, Telephos und diejenigen, denen überhaupt begegnet wäre Großes zu leiden oder zu verüben.

Aristoteles hat, wie die Poesie überhaupt, so insbesondere auch die Tragödie mehr von der Verstandes- als von der Vernunft-Seite angesehen. Von der ersten betrachtet hat er den einzig höchsten Fall der Tragödie vollkommen bezeichnet. Derselbe

---

* Cap. XIII.

Fall aber hat in allen den Beispielen, welche er selbst anführt, noch eine höhere Ansicht. Es ist die, daß die tragische Person n o t h w e n d i g eines Verbrechens schuldig sey (und je höher die Schuld ist, wie die des Oedipus, desto tragischer oder verwickelter). Dieß ist das höchste denkbare Unglück, ohne wahre Schuld durch Verhängniß schuldig zu werden.

Es ist also nothwendig, daß die Schuld selbst wieder Nothwendigkeit, und nicht sowohl, wie Aristoteles sagt, durch einen Irrthum, als durch den Willen des Schicksals und ein unvermeidliches Verhängniß oder eine Rache der Götter zugezogen sey. Von dieser Art ist die Schuld des Oedipus. Ein Orakel weissagt dem Lajos, es sey im Schicksal ihm vorherbestimmt, von der Hand seines und der Jokaste Sohns erschlagen zu werden. Der kaum geborene Sohn wird nach drei Tagen an den Füßen gebunden in einem unwegsamen Gebirg ausgesetzt. Ein Schäfer auf dem Gebirge findet das Kind oder erhält es aus den Händen eines Sclaven von Lajos Hause. Jener bringt das Kind in das Haus des Polybos, des angesehensten Bürgers von Korinth, wo es wegen der angeschwollenen Füße den Namen Oedipus erhält. Oedipus als er ins Jünglingsalter tritt, wird durch die Frechheit eines anderen, der ihn beim Trunk einen Bastard nennt, aus dem vermeinten elterlichen Hause fortgetrieben, und in Delphoi das Orakel wegen seiner Abkunft fragend erhält er d a r a u f keine Antwort, wohl aber die Verkündung, er werde seiner Mutter beiwohnen, ein verhaßtes und den Menschen unerträgliches Geschlecht zeugen, und den eignen Vater erschlagen. Dieß gehört sagt er, um sein Schicksal zu meiden, Korinth auf ewig Lebewohl, und beschließt bis dahin zu fliehen, wo er jene geweissagten Verbrechen niemals begehen könnte. Auf der Flucht begegnet er selbst Lajos ohne zu wissen, daß es Lajos und der König von Thebe ist, und erschlägt ihn im Streit. Auf dem Weg nach Thebe befreit er die Gegend von dem Ungeheuer der Sphinx und kommt in die Stadt, wo beschlossen war, daß wer sie erlegen würde, König seyn und Jokaste zur Gemahlin haben sollte. So vollendet sich das Schicksal des Oedipus, ihm selbst unbewußt; er heirathet seine Mutter und zeugt das unglückliche Geschlecht seiner Söhne und Töchter mit ihr.

Ein ähnliches, obwohl nicht ganz gleiches Schicksal ist das der P h ä d r a, welche durch den, von der Pasiphaë her, entbrannten Haß der Venus gegen ihr Geschlecht zur Liebe des Hippolytus entflammt wird.

Wir sehen also, daß der Streit von Freiheit und Nothwendigkeit wahrhaft nur da ist, wo diese den Willen selbst untergräbt, und die Freiheit auf ihrem eignen Boden bekämpft wird.

Man hat, anstatt einzusehen, daß d i e s e s Verhältniß das einzig wahrhaft tragische ist, mit dem kein anderes verglichen werden kann, wo das Unglück nicht i m Willen und in der Freiheit selbst liegt, vielmehr gefragt, wie die Griechen diese schrecklichen Widersprüche ihrer Tragödien haben ertragen können. Ein Sterblicher, vom Verhängniß zur Schuld und zum Verbrechen bestimmt, selbst wie Oedipus g e g e n das Verhängniß kämpfend, die Schuld fliehend, und doch fürchterlich bestraft für das Verbrechen, das ein Werk des Schicksals war. Sind, frug man, diese Widersprüche nicht rein zerreißend, und wo liegt der Grund der Schönheit, welche die Griechen in ihren Tragödien nichts desto weniger erreicht haben? – Die Antwort auf diese Frage ist folgende. Daß ein wahrhafter Streit von Freiheit und Nothwendigkeit nur in dem angegebenen Fall stattfinden kann, wo der Schuldige durch das Schicksal zum Verbrecher gemacht ist, ist bewiesen. Daß aber der Schuldige, der doch nur der Uebermacht des Schicksals unterlag, dennoch bestraft wurde, war nöthig, u m den Triumph der Freiheit zu zeigen, war Anerkennung der Freiheit, E h r e, die ihr gebührte. Der Held mußte gegen das Verhängniß kämpfen, sonst war überhaupt kein Streit, keine Aeußerung der Freiheit; er mußte in dem, was der Nothwendigkeit unterworfen ist, unterliegen, aber um die Nothwendigkeit nicht überwinden zu lassen, ohne sie zugleich wieder zu überwinden, mußte der Held auch für diese – durch das Schicksal verhängte – Schuld freiwillig büßen. Es ist der größte Gedanke und der höchste Sieg der Freiheit, willig auch die Strafe für ein unvermeidliches Verbrechen zu tragen, um so im Verlust seiner Freiheit selbst eben diese Freiheit zu beweisen, und noch mit einer Erklärung des freien Willens unterzugehen.

Dieß, wie es hier ausgesprochen ist, und wie ich es schon in den Briefen über Dogmatismus und Kriticismus gezeigt habe,* ist der innerste Geist der griechischen Tragödie. Dieß ist der

---

* Zehnter Brief, 1. Abth., Bd. I., S. 336.

Grund der Versöhnung und der Harmonie, die in ihnen liegt, daß sie uns nicht zerrissen, sondern geheilt, und wie Aristoteles sagt, gereinigt zurücklassen.

Die Freiheit als bloße Besonderheit kann nicht bestehen: dieß ist möglich nur, inwiefern sie sich selbst zur Allgemeinheit erhebt, und also über die Folge der Schuld mit der Nothwendigkeit in Bund tritt, und da sie das Unvermeidliche nicht vermeiden kann, die Wirkung davon selbst über sich verhängt.

Ich sage: dieß ist auch das einzig wahrhaft T r a g i s c h e in der Tragödie. Nicht der unglückliche Ausgang allein. Denn wie kann man überhaupt den Ausgang unglücklich nennen, z. B. wenn der Held freiwillig das Leben hingibt, das er nicht mehr mit Würde führen kann, oder wenn er andere Folgen seiner unverschuldeten Schuld auf sich selbst herbeizieht, wie Oedipus bei Sophokles thut, der nicht ruht, bis er das ganze schreckliche Gewebe selbst entwickelt und das ganze furchtbare Verhängniß selbst an den Tag gebracht hat?

Wie kann man den unglücklich nennen, der s o w e i t vollendet ist, der Glück und Unglück gleicherweise ablegt und in demjenigen Zustand der Seele ist, wo es für ihn keines von beiden mehr ist?

U n g l ü c k ist nur, so lange der Wille der Nothwendigkeit noch nicht entschieden und offenbar ist. Sobald der Held selbst im Klaren ist, und sein Geschick offen vor ihm daliegt, gibt es für ihn keinen Zweifel mehr, oder wenigstens darf es für ihn keinen mehr geben, und eben im Moment des h ö c h s t e n Leidens geht er zur höchsten Befreiung und die höchste Leidenslosigkeit über. Von dem Augenblick an erscheint die nicht zu überwältigende Macht des Schicksals, die absolut-groß schien, nur noch relativ-groß; denn sie wird von dem Willen überwunden, und zum Symbol des absolut Großen, nämlich der erhabenen Gesinnung.

Die tragische Wirkung beruht daher keineswegs allein oder zunächst auf dem, was man den unglücklichen Ausgang zu nennen pflegt. Die Tragödie kann auch mit vollkommener Versöhnung nicht nur mit dem Schicksal, sondern selbst mit dem Leben enden, wie Orest in den Eumeniden des Aeschylos versöhnt wird. Auch Orest war durch das Schicksal und den Willen eines Gottes, nämlich Apollos, zum Verbrecher bestimmt. Aber diese Schuldlosigkeit nimmt die S t r a f e nicht hinweg; er entflieht aus dem väterlichen Hause und erblickt gleich unmittelbar die Eumeniden, die ihn selbst bis in den geheiligten Tempel des Apollon verfolgen, wo sie, die schlafen, der Schatten der Klytämnestra erweckt. Die Schuld kann nur durch wirkliche Sühnung von ihm genommen werden, und auch der Areopag, an welchen Apoll ihn verweist, und vor dem er selbst ihm beisteht, muß gleiche Stimmen in die beiden Urnen legen, damit die Gleichheit der Nothwendigkeit und der Freiheit vor der sittlichen Stimmung bewahrt werde. Nur der weiße Stein, den Pallas der Lossprechungsurne zuwirft, befreit ihn, aber auch dieses nicht, ohne daß zugleich die Göttinnen des Schicksals und der Nothwendigkeit, die rächenden Erinnyen, versöhnt und von nun an unter dem Volk der Athene als göttliche Mächte verehrt werden und in ihrer Stadt selbst und gegenüber von der Burg, auf der sie thront, einen Tempel haben.

Ein s o l c h e s Gleichgewicht des Rechts und der Menschlichkeit, der Nothwendigkeit und der Freiheit suchten die Griechen in ihren Tragödien, ohne welches sie ihren sittlichen Sinn nicht befriedigen konnten, sowie sich in diesem Gleichgewicht selbst die höchste Sittlichkeit ausgedrückt hat. Eben dieses Gleichgewicht ist die Hauptsache der Tragödie. Daß das überlegte und freie Verbrechen gestraft wird, ist nicht tragisch. Daß ein Schuldloser durch Schickung unvermeidlich fortan schuldig werde, ist, wie gesagt, an sich das höchste denkbare Unglück. Aber daß dieser schuldlose Schuldige freiwillig die Strafe übernimmt, dieß ist das E r h a b e n e in der Tragödie, dadurch erst verklärt sich die Freiheit zur höchsten Identität mit der Nothwendigkeit.

Nachdem wir das Wesen und den wahren Gegenstand der Tragödie durch das Bisherige bestimmt haben, so ist es nöthig, zunächst von der i n n e r e n Construction der Tragödie, und alsdann von der äußeren Form derselben zu handeln.

Da dasjenige, was in der Tragödie der Freiheit entgegengesetzt wird, die Nothwendigkeit ist, so erhellt von selbst, daß in der Tragödie durchaus dem Zufall nichts zugegeben werden darf. Denn selbst die Freiheit, sofern sie die Verwicklung durch ihre Handlungen hervorbringt, erscheint doch in dieser Beziehung als durch Schicksal getrieben. Es könnte zufällig scheinen, daß Oedipus dem Lajos an einer bestimmten Stelle begegnet, allein wir sehen aus dem Verlauf, daß diese Begebenheit zur Erfüllung des Schicksals nothwendig war. Inwiefern aber ihre Nothwendigkeit nur durch die Entwicklung kann eingesehen werden, insofern ist sie eigentlich auch nicht Theil der Tragödie und wird in die Vergangenheit verlegt. Uebrigens aber erscheint, im Oedipus z. B., alles, was zur Vollführung des in dem ersten Orakel Verkündeten gehört, eben durch diese Vorherverkündigung nothwendig und im Licht einer höheren Nothwendigkeit. Was aber die Handlungen der Freiheit betrifft, sofern diese erst auf die geschehen Schläge des Schicksals folgen, so sind auch diese nicht zufällig, eben deßwegen weil sie aus absoluter Freiheit geschehen, und die absolute Freiheit selbst absolute Nothwendigkeit ist.

Da selbst alle empirische Nothwendigkeit nur empirisch Nothwendigkeit, an sich betrachtet aber Zufälligkeit ist, so kann die ächte Tragödie auch nicht auf empirische Nothwendikeit gegründet seyn. Alles, was empirisch nothwendig ist, ist, weil ein anderes ist, wodurch es möglich ist, aber dieses andere selbst ist ja nicht an sich nothwendig, sondern wieder durch ein anderes. Die empirische Nothwendigkeit würde aber die Zufälligkeit nicht aufheben. Diejenige Nothwendigkeit, die in der Tragödie erscheint, kann demnach einzig absoluter Art und eine solche seyn, die empirisch vielmehr unbegreiflich als begreiflich ist. Inwiefern selbst, um die Verstandesseite nicht zu vernachlässigen, eine empirische Nothwendigkeit in der Aufeinanderfolge der Begebenheiten eingeführt wird, muß diese doch selbst nicht wieder empirisch, sondern nur absolut begriffen werden können. Die empirische Nothwendigkeit muß als Werkzeug der höheren und absoluten erscheinen; sie muß nur dienen für die Erscheinung herbeizuführen, was in dieser schon g e s c h e h e n ist.

Hierher gehört nun auch das sogenannte M o t i v i r e n, welches ein Necessitiren oder Begründung der Handlung im Subjekt ist, und welches vornehmlich durch äußere Mittel geschieht.

Die Grenze dieses Motivirens ist schon durch das Vorhergehende bestimmt. Soll es etwa auf das Herstellen einer recht empirisch-begreiflichen Nothwendigkeit gehen, so ist es ganz verwerflich, besonders wenn sich der Dichter dadurch zu der groben Fassungskraft der Zuschauer herablassen will. Die Kunst des Motivirens würde dann darin bestehen, dem Helden nur einen

Charakter von recht großer Weite zu geben, aus dem nichts auf absolute Weise hervorgehen kann, in dem also alle möglichen Motive ihr Spiel treiben können. Dieß ist der gerade Weg, den Helden schwach und als das Spiel äußerer Bestimmungsgründe erscheinen zu lassen. Ein solcher ist nicht tragisch. Der tragische Held muß, in welcher Beziehung es sey, eine Absolutheit des Charakters haben, so daß ihm das Aeußere nur S t o f f ist, und es in keinem Fall zweifelhaft seyn kann, wie er handelt. Ja in Ermanglung des anderen Schicksals müßte ihm der Charakter dazu werden. Von welcher Art auch der äußere Stoff sey, die Handlung muß immer aus ihm selbst kommen.

Aber überhaupt muß gleich die erste Construktion der Tragödie, der erste Wurf so seyn, daß die Handlung auch in dieser Rücksicht als E i n e und als stetig erscheine, daß sie nicht durch ganz verschiedenartige Motive mühsam fortgetrieben wird. Stoff und Feuer müssen gleich so combinirt seyn, daß das Ganze von selbst fort brennt. Gleich das Erste der Tragödie sey eine Synthesis, eine Verwicklung, die nur so gelöst werden kann, wie sie gelöst wird, und für die ganze Folge keine Wahl läßt. Welche Mittelglieder auch der Dichter ins Spiel setzen möge, um die Handlung zu ihrem Ende zu leiten, so müssen diese zuletzt selbst wieder aus dem über dem Ganzen ruhenden Verhängniß hervorgehen und Werkzeuge von ihm scheinen. Widrigenfalls wird der Geist beständig aus der höheren Ordnung der Dinge in die tiefere versetzt, und umgekehrt.

Die Begrenzung eines dramatischen Werks in Beziehung auf das, was in ihm sittlich-möglich ist, wird durch das ausgedrückt, was man die S i t t e n der Tragödie nennt. Was man ursprünglich darunter verstand, ist ohne Zweifel die Stufe der sittlichen Bildung, auf welche die Personen eines Dramas gesetzt, und wodurch gewisse Arten von Handlungen von ihnen ausgeschlossen, dagegen die, welche geschehen, nothwendig gemacht sind. Die erste Forderung ist nun ohne Zweifel die, welche auch Aristoteles macht, daß sie edler Art seyen, worunter er nach dem, was früherhin als seine Behauptung über den einzig höchsten tragischen Fall angeführt worden, nicht eben absolut schuldlose, sondern überhaupt edle und große Sitten fordert. Daß ein wirklicher, aber durch Charakter großer Verbrecher vorgestellt wird, wäre bloß in dem anderen tragischen Fall möglich, wo ein äußerst ungerechter Mensch aus dem Glück in Unglück gestürzt würde. Unter denjenigen Tragödien der Alten, die uns geblieben sind, kenne ich keinen Fall dieser Art, und das Verbrechen, wenn es in der wahrhaft sittlichen Tragödie vorgestellt ist, erscheint immer selbst durch Schicksal verhängt. Es ist aber aus dem Einen Grund, daß den Neueren das Schicksal fehlt, oder von ihnen wenigstens nicht auf die Weise der Alten in Bewegung gesetzt werden kann, es ist, sage ich, schon daraus einzusehen, warum die Neueren öfter zu diesem Fall recurrirt haben, große Verbrechen vorzustellen, ohne das Edle der Sitten dadurch aufzuheben, und deßwegen die Nothwendigkeit des Verbrechens in die Gewalt eines unbezwinglichen Charakters zu legen, wie Shakespeare sehr oft gethan hat. Da die griechische Tragödie so ganz sittlich und auf die höchste Sittlichkeit eigentlich gegründet ist, so kann in ihr auch über die eigentlich sittliche Stimmung, wenigstens in der letzten Instanz, keine Frage mehr seyn.

Die Totalität der Darstellung fordert, daß auch in den Sitten der Tragödie Abstufungen stattfinden, und besonders Sophokles verstand mit den wenigsten Personen nicht nur überhaupt die größte Wirkung, sondern in dieser Begrenzung auch eine geschlossene Totalität der Sitten hervorzubringen.

In dem Gebrauch dessen, was Aristoteles das θαυμαστόν, das Außerordentliche nennt, unterscheidet das Drama sich sehr wesentlich von dem epischen Gedicht. Das epische Gedicht stellt einen glücklichen Zustand dar, eine ungetheilte Welt, wo Götter und Menschen eins sind. Hier ist, wie wir schon sagten, die Dazwischenkunft der Götter nicht wunderbar, weil sie zu dieser Welt selbst gehören. Das Drama ruht schon mehr oder weniger auf einer getheilten Welt, indem es Nothwendigkeit und Freiheit sich entgegensetzt. Hier würde die Erscheinung der Götter, wofern sie auf dieselbe Weise wie im Epos stattfände, den Charakter des Wunderbaren annehmen. Da nämlich im Drama kein Zufall, und alles entweder äußerlich oder innerlich nothwendig seyn soll, so könnten die Götter nur wegen einer Nothwendigkeit, die in ihnen selbst läge, also nur insofern sie selbst mithandelnde oder wenigstens in die Handlung ursprünglich verwickelte Personen sind, in ihr erscheinen, keineswegs aber um den handelnden Personen, vornehmlich aber der Hauptperson entweder zu Hülfe zu kommen, oder feindlich zu begegnen (wie in der Ilias). Denn der Held der Tragödie soll und muß den Kampf für sich allein ausfechten; nur durch die sittliche Größe seiner Seele soll er ihn bestehen, und die äußere Heilung und Hülfe, welche Götter ihm gewähren können, genügt nicht einmal seinem Zustande. Sein Verhältniß kann sich nur innerlich lösen, und wenn die Götter, wie in den Eumeniden des Aeschylos das versöhnende Princip sind, so müssen sie selbst zu den Bedingungen herabsteigen, unter welchen der Mensch ist; auch sie können nicht versöhnen oder erretten, als inwiefern sie das Gleichgewicht der Freiheit und Nothwendigkeit herstellen und sich mit den Gottheiten des Rechts und des Schicksals in Unterhandlungen setzen. In diesem Fall aber ist in ihrer Erscheinung nichts Wunderbares, und die Errettung und Hülfe, die sie schaffen, leisten sie nicht als Götter, sondern dadurch, daß sie zu dem Loos der Menschen herabsteigen und sich selbst dem Recht und der Nothwendigkeit fügen. Wenn aber Götter in der Tragödie feindlich wirken, so sind sie selbst das Schicksal; auch thun sie es nicht in Person, sondern auch ihre feindliche Wirkung äußert sich durch eine innere Nothwendigkeit im Handelnden, wie bei der Phädra.

Die Götter also in der Tragödie zu Hülfe zu rufen, um die Handlung nur äußerlich zu enden, wahrhaft aber und innerlich zu unterbrechen oder ungeschlossen zu lassen, wäre für das ganze Wesen der Tragödie zerstörend. Dasjenige Uebel, was Götter als solche durch ihre bloße Dazwischenkunft heilen können, ist an sich selbst kein wahrhaft tragisches Uebel. Umgekehrt; wo ein solches vorhanden ist, vermögen sie nichts, und wenn sie dennoch herbeigerufen werden, so ist dieß, was man den Deus ex machina nennt, und was allgemein als eversiv für das Wesen der Tragödie erkannt ist.

Denn – um mit dieser Bestimmung die Untersuchung über die innere Construktion der Tragödie zu vollenden – so muß die Handlung nicht bloß äußerlich, sondern innerlich, im Gemüth selbst, geschlossen werden, wie es eine innerliche Empörung ist, welche das Tragische eigentlich hervorbringt. Nur von dieser inneren Versöhnung aus geht jene Harmonie, die wir zur Vollendung fordern. Schlechten Poeten genügt es die mühsam fortgeführte Handlung nur äußerlich zu schließen. Ebensowenig als dieß geschehen darf, darf die Versöhnung durch etwas

Fremdartiges, Außerordentliches, außer dem Gemüth und der Handlung Liegendes geschehen, als ob die Herbheit des wahren Schicksals durch irgend etwas anderes als die Größe und freiwillige Uebernahme und Erhebung des Gemüths gemildert werden könnte. (Hauptmotiv der Versöhnung die Religion, wie im Oedipus auf Kolonos. Höchste Verklärung wie ihn der Gott ruft: Horch, horch, Oedipus, warum zauderst du, und er dann den Augen der Sterblichen verschwindet.)...

KARL WILHELM FERDINAND SOLGER

Aus: Von der dramatischen Poesie

Im Epischen und Lyrischen ist der Stoff das Bestimmende und Wesentliche; im Drama ist derselbe als universell zu betrachten, weder als Göttliches, noch als Irdisches allein, sondern als beides zugleich. Darum stellt das Drama die Gegenwart dar, indem es Begriff und Erscheinung nie trennt, sondern als Eins auffaßt. Die reine Thätigkeit der Idee kommt im Drama zum Vorschein, weder vorzugsweise als Symbol, noch als Allegorie; beide gehen in die Gegenwart über, worin sich die Idee offenbart.

Nicht der einzelne Stoff ist Zweck des Drama, und nicht durch den Stoff allein kann sich die Idee darstellen, wie im Epos und in der Lyrik. Hier sind die Beziehungen überall gegenwärtig. Das allgemeine Motiv eines Drama, der Begriff des Ganzen, ist völlig in die Wirklichkeit übergegangen, und in dieser zeigt sich immer nur das Streben, diesen Begriff auszudrücken, der sich mithin ganz in das Besondere verliert. Episches und lyrisches Princip sind hier zugleich gegenwärtig, nicht bloß dem Aeußeren, sondern dem Begriffe nach, indem das Drama die Idee als solche ganz in die Wirklichkeit verpflanzen, zugleich aber anschaulich machen soll, daß die Wirklichkeit wieder in die Idee zurückgehen muß.

Man darf daher dramatische Werke nicht nach dem besonderen Stoffe beurtheilen, wodurch nur eine höhere Art des Interessanten entsteht, die sich an das höhere sittliche Interesse wendet. Das Wesentliche der dramatischen Kunst beruht nicht auf den besonderen Stoffen und Gesichtspunkten, sondern darauf, ob es ihr gelingt, das innere Wesen alles menschlichen Handelns und Lebens, die Idee, aufzufassen, und darzustellen, daß selbst die höchste Wirklichkeit an sich nichts ist, sondern nur in sofern die göttliche Idee sich darin offenbart. Nur nach diesem Standpunkte müssen dramatische Gedichte geschätzt und die besonderen Gesichtspunkte und Stoffe nur als besondere Gestaltungen jener Idee angesehen werden.

Die Idee durchdringt sich hier aufs vollkommenste mit der Wirklichkeit; daher scheidet sich Komisches und Tragisches hier am reinsten; denn wir können die Verschmelzung der Idee mit der Wirklichkeit immer nur nach entgegengesetzten Richtungen auffassen. Erscheint die ganze Wirklichkeit als Darstellung und Offenbarung der Idee sich selbst widersprechend und sich in die Idee versenkend, so ist dies das tragische Princip. Erkennen wir hingegen, daß die mannichfaltige unvollkommene Wirklichkeit gleichwohl überall die Idee enthält, so entsteht das komische Princip. Der Grund, warum sich diese beiden Principien hier so bestimmt trennen, liegt in der Universalität der dramatischen Kunst. Diese Reinheit beider Principien ist jedoch nur in der antiken Kunst wirklich zu finden, wo die Verschmelzung der Idee und Wirklichkeit ganz symbolisch ist, dagegen in der neueren Kunst immer zugleich allegorische Beziehung und daher Vermischung beider Principien stattfindet.

Daß es in der dramatischen Poesie auf den besonderen Stoff nicht allein und nicht wesentlich ankommt, hat man heut zu Tage in der Theorie eingesehen. Zwar herrscht immer noch die Kantische Lehre von der sittlichen Freiheit als dem wesentlichen Princip des Drama; allein sie wird allmälich mehr und mehr geschmälert. Mit der Praxis aber sieht es desto schlimmer aus. Unsere Dramatiker wollen einzelne Gedanken darstellen, die nicht Ideen sondern abstracte Begriffe sind, wodurch man ganz in die Sphäre des gemeinen Lebens hinabgezogen wird.

Die dramatische Poesie ist die universelle, da sie keinen besonderen Stoff in Beziehung auf die Idee, sondern die Idee selbst in ihrer reinen Thätigkeit darstellt. Indem diese erschöpfend aufgefaßt wird, muß die Scheidung des Tragischen und Komischen eintreten. Ein Mittleres zu denken, wo Wirklichkeit und Idee ganz Eins würden, ist uns unmöglich, da wir das Wesen nur durch einen Gegensatz zu erkennen vermögen. Die vollkommene Einheit der Idee und Wirklichkeit können wir uns nicht einmal vorstellen; es wäre dies die göttliche Erkenntniß selbst. Wir sind in der Existenz befangen, die ein von der Idee abgewendetes, verlorenes und an sich nichtiges Leben hat und nur Bedeutung, Inhalt und Werth erhalten kann, wenn sich die göttliche Idee in ihr offenbart. Diese Offenbarung aber ist nur möglich durch Aufhebung der Existenz selbst, und in diesem Akte müssen wir die Idee erfassen, was wir auf absolute Weise nicht vermögen. Die Existenz selbst ist nicht das Dasein der Gottheit; vielmehr können wir dieses nur dadurch erfahren, daß durch seine Offenbarung die Existenz aufgehoben wird. Dieser Mittelpunkt alles menschlichen Bewußtseins ist auch der Mittelpunkt der Poesie.

Indem nun aber die Richtung dieser Offenbarung eine zwiefache ist, so entsteht die Trennung des Tragischen und Komischen. Im Tragischen wird durch die Vernichtung die Idee als existirend offenbart; denn indem sie sich als Existenz aufhebt, ist sie da als Idee, und beides ist eins und dasselbe. Der Untergang der Idee als Existenz ist ihre Offenbarung als Idee.

Nur hiernach ist der beruhigende Eindruck der Tragödie richtig zu fassen und zu erklären. Die Meisten denken sich als den Grund dieser Beruhigung etwas außerhalb der Tragödie Liegendes, indem sie meinen, der Untergang sei nur Vorbereitung zu einer besseren Existenz; welche Vorstellung also erst durch Reflexion zu gewinnen ist. Neben den unglücklichen Ausgang setzen sie noch als etwas davon Abgesondertes die Hinweisung auf eine bessere Welt. Diese Ansicht ist unrichtig, da sie der Reflexion unterworfen ist. Setze ich die Idee als Existenz für sich, so muß ich die ganze Wirklichkeit aufgeben, und es entsteht dann nicht der tragische, sondern der religiöse Gesichtspunkt. Betrachte ich aber die wirkliche Existenz als vergänglich ihrer Zufälligkeit wegen, nicht ihrem Wesen nach, und dieser zufälligen Wirklichkeit das Ewige als für sich bestehende Existenz entgegengesetzt: so entsteht ein Gesichtspunkt der gemeinen Reflexion, der beides, Wirklichkeit und Idee, in die Sphäre des gemeinen Verstandes hinabzieht. – Der Untergang der wirklichen Welt selbst ist Offenbarung des Ewigen; es bedarf keiner Offenbarung außer derselben. Das Opfer welches gebracht wird, ist selbst die Gegenwart des Ewigen. Sollte sich die Idee noch besonders für sich offenbaren, so würde sie selbst Moment der Wirklichkeit, nur einer andern, mit der gemeinen coexistirenden Wirklichkeit werden. – Eine außerhalb der Tragödie liegende Beruhigung darf man also nicht suchen; die Tragödie selbst ist die Beruhigung, und ihr wahrer Sinn liegt darin, daß das Zeitliche sich selbst aufhebt, in sofern es Theil nimmt an der Idee.

Die unmittelbare Einwirkung der Gottheit als einer persönlichen kann in der Tragödie nicht stattfinden, sofern die Gottheit Einheit der Idee ist. Anders verhält es sich freilich bei den Griechen, deren einzelne Götter selbst Zerspaltungen der Idee sind. – Bestimmte Hindeutung auf persönliche göttliche Einwirkung darf also in der Tragödie nicht erwartet werden; vielmehr ist die Tragödie um so tragischer, je reiner sie von solcherlei Darstellungen ist. In der Wirklichkeit kann sich die Gottheit nicht persönlich, sondern nur dadurch offenbaren, daß das ganze Gebiet der Gegensätze, als Gegenwart der Idee betrachtet, sich aufhebt.

Das K o m i s c h e beruht auf der entgegengesetzten Richtung. Die Wirklichkeit als gegenwärtige Existenz ist nicht wegzuläugnen; aber sie würde nicht existiren können, wenn in ihr die Idee nicht wäre. Diese kann aber in der Wirklichkeit nur in Widersprüchen aufgelöst sein. Die gemeine Wirklichkeit hält sich in der Existenz nur durch ihre relative Beschaffenheit. Soll in ihr die Idee als gegenwärtig erkannt werden, ohne welche die Existenz überhaupt nicht wäre, so muß sich die Idee durch diese Gegensätze selbst vernichten und sich in die gemeine Wirklichkeit aufheben. Daher entsteht im Komischen der Contrast zwischen dem gemeinen Leben und der Idee. Die Tragödie führt das Gefühl der Beruhigung mit sich; die Komödie eine Empfindung des Behagens, indem wir wahrnehmen, daß in der gemeinen Wirklichkeit dennoch die Idee enthalten ist, die sich zwar in ihren Gegensätzen aufhebt, aber zugleich mit in die Existenz verflicht. Darum darf das Komische nie das Schlechte allein sein, sondern das Schlechte als Modification der Idee, die gemeine Welt als Auflösung der Idee. Es können geringfügige, widersprechende Motive darin herrschen, die aber alle aus einer Idee entsprießen.

In allem Komischen findet daher immer ein Widerspruch

statt; nicht aber für den gemeinen Verstand. Das Komische erscheint gewissermaßen immer als Parodie, weil die Erinnerung an die Idee stets gegenwärtig sein muß. Das bloß Gemeine, Nichtswürdige, als solches dargestellt, wie es in den neueren bürgerlichen Lustspielen herrscht, liegt außer den Grenzen der Kunst. Die Posse malt das Schlechte als Schlechtes; das bürgerliche Schauspiel das Schlechte als Gutes; beides ist gleich verwerflich. Das Schlechte muß nur als Reflex der Idee erscheinen. So liegt bei Aristophanes in den Wolken das Komische darin, daß die wahre Idee der Weisheit und Philosophie an das gemeine Leben angeschlossen und darein verwandelt ist. – Die ganze Nichtigkeit des Wirklichen würde in dem Komischen nicht zur Erscheinung kommen, wenn nicht die Idee darin wäre. Wäre es das bloße gemeine Leben, so würde es Niemand lächerlich finden; nur durch den Contrast der Idee erscheint die Wirklichkeit als nichtig, und nur dadurch entsteht die komische Wirkung.

Bei der Eintheilung der dramatischen Poesie muß vor allem die alte und die neuere Kunst unterschieden werden. In der alten symbolischen Kunst findet sich die reine Sonderung des Tragischen und Komischen. Die Idee wird als unmittelbar gegebene Gegenwart aufgefaßt, womit die vollständige Aufhebung der Gegensätze nothwendig verbunden ist. – In der neueren Kunst hingegen sehen wir die Thätigkeit wirken, welche die Gegensätze des gemeinen Lebens gegen einander aufhebt; wir sehen die Entwickelung, Beziehung und Bestreitung der Gegensätze; der ganze Standpunkt ist somit ein allegorischer. – Das Große des alten Drama liegt in der plötzlichen Aufhebung der Gegensätze und der unmittelbaren Gegenwart der Idee. Aber die Erforschung und Erkennung der Idee, die Auffassung derselben in ihrem Innersten kann das alte Drama nicht bewirken. In dem neueren Drama bleibt bei aller Auflösung in Beziehungen immer die Idee als innere Einheit, als absolute Bedeutung der Handlungen gegenwärtig, während bei den Alten die Gegenwart des Ewigen nur eine negative ist, indem sie immer in der Aufhebung der Wirklichkeit besteht. Daher erscheint das Schicksal der Alten so negativ und zerstörend, obwohl es zugleich der positive Grund der Dinge ist. ...

ARTHUR SCHOPENHAUER

Das Trauerspiel

Als der Gipfel der Dichtkunst, sowohl in Hinsicht auf die Größe der Wirkung, als auf die Schwierigkeit der Leistung, ist das Trauerspiel anzusehn und ist dafür anerkannt. Es ist für das Ganze unserer gesammten Betrachtung sehr bedeutsam und wohl zu beachten, daß der Zweck dieser höchsten poetischen Leistung die Darstellung der schrecklichen Seite des Lebens ist, daß der namenlose Schmerz, der Jammer der Menschheit, der Triumph der Bosheit, die höhnende Herrschaft des Zufalls und der rettungslose Fall der Gerechten und Unschuldigen uns hier vorgeführt werden: denn hierin liegt ein bedeutsamer Wink über die Beschaffenheit der Welt und des Daseyns. Es ist der Widerstreit des Willens mit sich selbst, welcher hier, auf der höchsten Stufe seiner Objektität, am vollständigsten entfaltet, furchtbar hervortritt. Am Leiden der Menschheit wird er sichtbar, welches nun herbeigeführt wird, theils durch Zufall und Irrthum, die als Beherrscher der Welt, und durch ihre bis zum Schein der Absichtlichkeit gehende Tücke als Schicksal personificirt, auftreten; theils geht er aus der Menschheit selbst hervor, durch die sich kreuzenden Willensbestrebungen der Individuen, durch die Bosheit und Verkehrtheit der Meisten. Ein und der selbe Wille ist es, der in ihnen allen lebt und erscheint, dessen Erscheinungen aber sich selbst bekämpfen und sich selbst zerfleischen. In diesem Individuo tritt er gewaltig, in jenem schwächer hervor, hier mehr, dort minder zur Besinnung gebracht und gemildert durch das Licht der Erkenntniß, bis endlich, in Einzelnen, diese Erkenntniß, geläutert und gesteigert durch das Leiden selbst, den Punkt erreicht, wo die Erscheinung, der Schleier der Maja, sie nicht mehr täuscht, die Form der Erscheinung, das principium individuationis, von ihr durchschaut wird, der auf diesem beruhende Egoismus eben damit erstirbt, wodurch nunmehr die vorhin so gewaltigen Motive ihre Macht verlieren, und statt ihrer die vollkommene Erkenntniß des Wesens der Welt, als Quietiv des Willens wirkend, die Resignation herbeiführt, das Aufgeben, nicht bloß des Lebens, sondern des ganzen Willens zum Leben selbst. So sehen wir im Trauerspiel zuletzt die Edelsten, nach langem Kampf und Leiden, den Zwekken, die sie bis dahin so heftig verfolgten, und allen den Genüssens des Lebens auf immer entsagen, oder es selbst willig und freudig aufgeben: so den standhaften Prinzen des Calderon; so das Gretchen im „Faust"; so den Hamlet, dem sein Horatio willig folgen möchte, welchen aber jener bleiben und noch eine Weile in dieser rauhen Welt mit Schmerzen athmen heißt, um Hamlets Schicksal aufzuklären und dessen Andenken zu reinigen; – so auch die Jungfrau von Orleans, die Braut von Messina: sie alle sterben durch Leiden geläutert, d. h. nachdem der Wille zu leben zuvor in ihnen erstorben ist; im „Mohammed" von Voltaire spricht sich Dieses sogar wörtlich aus in den Schlußworten, welche die sterbende Palmira dem Mohammed zuruft: „Die Welt ist für Tyrannen: Lebe Du!" – Hingegen beruht die Forderung der sogenannten poetischen Gerechtigkeit auf gänzlichem Verkennen des Wesens des Trauerspiels, ja selbst des Wesens der Welt. Mit Dreistigkeit tritt sie in ihrer ganzen Plattheit auf in den Kritiken, welche Dr. Samuel Johnson zu den einzelnen Stücken Shakespeares geliefert hat, indem er recht naiv über die durchgängige Vernachlässigung derselben klagt; welche allerdings vorhanden ist: denn was haben die Ophelien, die Desdemonen, die Kordelien verschuldet? – Aber nur die platte, optimistische, protestantisch-rationalistische, oder eigentlich jüdische Weltansicht wird die Forderung der poetischen Gerechtigkeit machen und an deren Befriedigung ihre eigene finden. Der wahre Sinn des Trauerspiels ist die tiefere Einsicht, daß was der Held abbüßt nicht seine Partikularsünden sind, sondern die Erbsünde, d. h. die Schuld des Daseyns selbst:

> Pues el delito mayor
> Del hombre es haber nacido.
> (Da die größte Schuld des Menschen
> Ist, daß er geboren ward.)

Wie Calderon es geradezu ausspricht.

Die Behandlungsart des Trauerspiels näher betreffend, will ich mir nur eine Bemerkung erlauben. Darstellung eines großen Unglücks ist dem Trauerspiel allein wesentlich. Die vielen verschiedenen Wege aber, auf welchen es vom Dichter herbeigeführt wird, lassen sich unter drei Artbegriffe bringen. Es kann nämlich geschehn durch außerordentliche, an die äußersten Gränzen der Möglichkeit streifende Bosheit eines Charakters, welcher der Urheber des Unglücks wird; Beispiele dieser Art sind: Richard III., Jago im „Othello", Shylok im „Kaufmann von Venedig", Franz Moor, Phädra des Euripides, Kreon in der „Antigone", u. dgl. m. Es kann ferner geschehn durch blindes Schicksal, d. i. Zufall oder Irrthum: von dieser Art ist ein wahres Muster der König Oedipus des Sophokles, auch die Trachinerinnen, und überhaupt gehören die meisten Tragödien der Alten hieher: unter den Neuern sind Beispiele: „Romeo und Juliet", „Tankred" von Voltaire, „Die Braut von Messina". Das Unglück kann aber endlich auch herbeigeführt werden durch die bloße Stellung der Personen gegen einander, durch ihre Verhältnisse; so daß es weder eines ungeheuren Irrthums, oder eines unerhörten Zufalls, noch auch eines die Gränzen der Menschheit im Bösen erreichenden Charakters bedarf; sondern Charaktere wie sie in moralischer Hinsicht gewöhnlich sind, unter Umständen, wie sie häufig eintreten, sind so gegen einander gestellt, daß ihre Lage sie zwingt, sich gegenseitig, wissend und sehend, das größte Unheil zu bereiten, ohne daß dabei das Unrecht auf irgend einer Seite ganz allein sei. Diese letztere Art scheint mir den beiden andern weit vorzuziehn: denn sie zeigt uns das größte Unglück nicht als eine Ausnahme, nicht als etwas durch seltene Umstände, oder monstrose Charaktere Herbeigeführtes, sondern als etwas aus dem Thun und den Charakteren der Menschen leicht und von selbst, fast als wesentlich Hervorgehendes, und führt es eben dadurch furchtbar nahe an uns heran. Und wenn wir in den beiden andern Arten das ungeheuere Schicksal und die entsetzliche Bosheit als schreckliche, aber nur aus großer Ferne von uns drohende Mächte erblicken, denen wir selbst wohl entgehn dürften, ohne zur Entsagung zu flüchten; so zeigt uns die letzte Gattung jene Glück und Leben zerstörenden Mächte von der Art, daß auch zu uns ihnen der Weg jeden Augenblick offen steht, und das größte Leiden herbeigeführt durch Verflechtungen, deren Wesentliches auch unser Schicksal annehmen könnte, und durch Handlungen, die auch wir vielleicht zu begehn fähig wären und also nicht über Unrecht klagen dürften: dann fühlen wir schaudernd uns schon mitten in der Hölle. Die Ausführung in dieser letztern Art hat aber auch die größte

Schwierigkeit; da man darin mit dem geringsten Aufwand von Mitteln und Bewegungsursachen, bloß durch ihre Stellung und Vertheilung die größte Wirkung hervorzubringen hat: daher ist selbst in vielen der besten Trauerspiele diese Schwierigkeit umgangen. Als ein vollkommenes Muster dieser Art ist jedoch ein Stück anzuführen, welches von mehreren andern des selben großen Meisters in anderer Hinsicht weit übertroffen wird: es ist „Clavigo". „Hamlet" gehört gewissermaaßen hieher, wenn man nämlich bloß auf sein Verhältnis zum Laërtes und zur Ophelia sieht; auch hat „Wallenstein" diesen Vorzug; „Faust" ist ganz dieser Art, wenn man bloß die Begebenheit mit dem Gretchen und ihrem Bruder, als die Haupthandlung, betrachtet; ebenfalls der „Cid" des Corneille, nur daß diesem der tragische Ausgang fehlt, wie ihn hingegen das analoge Verhältniß des Max zur Thekla hat.

GEORG WILHELM FRIEDRICH HEGEL

Über die Tragödie

α. Was zunächst die *Tragödie* angeht, so will ich an dieser Stelle nur kurz die allgemeinsten Grundbestimmungen erwähnen, deren konkretere Besonderung erst durch die Verschiedenheit der geschichtlichen Entwicklungsstufen kann zum Vorschein kommen.

αα. Den wahrhaften Inhalt des tragischen Handelns liefert für die *Zwecke*, welche die tragischen Individuen ergreifen, der Kreis der im menschlichen Wollen substantiellen, für sich selbst berechtigten Mächte: die Familienliebe der Gatten, der Eltern, Kinder, Geschwister; ebenso das Staatsleben, der Patriotismus der Bürger, der Wille der Herrscher; ferner das kirchliche Dasein, jedoch nicht als eine auf Handlungen resignierende Frömmigkeit und als göttlicher Richterspruch in der Brust des Menschen über das Gute und Böse beim Handeln, sondern im Gegenteil als tätiges Eingreifen und Fördern wirklicher Interessen und Verhältnisse. Von der ähnlichen Tüchtigkeit sind nun auch die echt tragischen *Charaktere*. Sie sind durchaus das, was sie ihrem Begriff gemäß sein können und müssen: nicht eine vielfache, episch auseinandergelegte Totalität, sondern, wenn auch an sich selbst lebendig und individuell, doch nur die eine *Macht* dieses bestimmten Charakters, in welcher derselbe sich seiner Individualität nach mit irgendeiner besonderen Seite jenes gediegenen Lebensinhalts untrennbar zusammengeschlossen hat und dafür einstehn will. In dieser Höhe, auf welcher die bloßen Zufälligkeiten der unmittelbaren Individualität verschwinden, sind die tragischen Helden der dramatischen Kunst, seien sie nun die lebendigen Repräsentanten substantieller Lebenssphären oder sonst schon durch freies Beruhen auf sich große und feste Individuen, gleichsam zu Skulpturwerken hervorgehoben, und so erklären auch nach dieser Seite hin die an sich selbst abstrakteren Statuen und Götterbilder die hohen tragischen Charaktere der Griechen besser als alle anderweitigen Erläuterungen und Noten.

Im allgemeinen können wir deshalb sagen: das eigentliche Thema der ursprünglichen Tragödie sei das Göttliche; aber nicht das Göttliche, wie es den Inhalt des religiösen Bewußtseins als solchen ausmacht, sondern wie es in die Welt, in das individuelle Handeln eintritt, in dieser Wirklichkeit jedoch seinen substantiellen Charakter weder einbüßt noch sich in das Gegenteil seiner umgewendet sieht. In dieser Form ist die geistige Substanz des Wollens und Vollbringens das *Sittliche*. Denn das Sittliche, wenn wir es in seiner unmittelbaren Gediegenheit und nicht nur vom Standpunkte der subjektiven Reflexion als das formell Moralische auffassen, ist das Göttliche in seiner *weltlichen* Realität, das Substantielle, dessen ebenso besondere als wesentliche Seiten den bewegenden Inhalt für die wahrhaft menschliche Handlung abgeben und im Handeln selbst dies ihr Wesen explizieren und wirklich machen.

ββ. Durch das Prinzip der Besonderung nun, dem alles unterworfen ist, was sich in die reale Objektivität hinaustreibt, sind die sittlichen Mächte wie die handelnden Charaktere *unterschieden* in Rücksicht auf ihren Inhalt und ihre individuelle Erscheinung. Werden nun diese besonderen Gewalten, wie es die dramatische Poesie fordert, zur erscheinenden Tätigkeit aufgerufen und verwirklichen sie sich als bestimmter Zweck eines menschlichen Pathos, das zur Handlung übergeht, so ist ihr Einklang aufgehoben und sie treten in wechselseitiger Abgeschlossenheit *gegeneinander* auf. Das individuelle Handeln will dann unter bestimmten Umständen einen Zweck oder Charakter durchführen, der unter diesen Voraussetzungen, weil er in seiner für sich fertigen Bestimmtheit sich einseitig isoliert, notwendig das entgegengesetzte Pathos gegen sich aufreizt und dadurch unausweichliche Konflikte herbeileitet. Das ursprünglich Tragische besteht nun darin, daß innerhalb solcher Kollision beide Seiten des Gegensatzes für sich genommen *Berechtigung* haben, während sie andererseits dennoch den wahren positiven Gehalt ihres Zwecks und Charakters nur als Negation und *Verletzung* der anderen, gleichberechtigten Macht durchzubringen imstande sind und deshalb in ihrer Sittlichkeit und durch dieselbe ebensosehr in *Schuld* geraten.

Den allgemeinen Grund für die Notwendigkeit dieser Konflikte habe ich soeben schon berührt. Die sittliche Substanz ist als konkrete Einheit eine Totalität *unterschiedener* Verhältnisse und Mächte, welche jedoch nur in tatlosem Zustande als selige Götter das Werk des Geistes im Genuß eines ungestörten Lebens vollbringen. Umgekehrt aber liegt es ebensosehr im Begriffe dieser Totalität selbst, sich aus ihrer zunächst noch abstrakten Idealität zur realen Wirklichkeit und weltlichen Erscheinung umzusetzen. Durch die Natur dieses Elementes nun ist es, daß die bloße Unterschiedenheit, auf dem Boden bestimmter Umstände von individuellen Charakteren ergriffen, sich zur Entgegensetzung und Kollision verkehren muß. So erst wird es wahrhaft Ernst mit jenen Göttern, welche nur im Olymp und Himmel der Phantasie und religiösen Vorstellung in ihrer friedlichen Ruhe und Einheit verharren, wenn sie itzt aber wirklich, als bestimmtes Pathos einer menschlichen Individualität, zum Leben kommen, aller Berechtigung unerachtet durch ihre bestimmte Besonderheit und deren Gegensatz gegen anderes in Schuld und Unrecht führen.

γγ. Hiermit ist jedoch ein unvermittelter Widerspruch gesetzt, der zwar zur Realität heraustreten, sich jedoch in ihr nicht als das Substantielle und wahrhaft Wirkliche erhalten kann, sondern sein eigentliches Recht nur darin findet, daß er sich als Widerspruch *aufhebt*. So berechtigt als der tragische Zweck und Charakter, so notwendig als die tragische Kollision ist daher *drittens* auch die tragische Lösung dieses Zwiespalts. Durch sie nämlich übt die ewige Gerechtigkeit sich an den Zwecken und Individuen in der Weise aus, daß sie die sittliche Substanz und Einheit mit dem Untergange der ihre Ruhe störenden Individualität herstellt. Denn obschon sich die Charaktere das in sich selbst Gültige vorsetzen, so können sie es tragisch dennoch nur in verletzender Einseitigkeit widersprechend ausführen. Das wahrhaft Substantielle, das zur Wirklichkeit zu gelangen hat, ist aber nicht der Kampf der Besonderheiten, wie sehr derselbe auch im Begriffe der weltlichen Realität und des menschlichen Handelns seinen wesentlichen Grund findet, sondern die Versöhnung, in welcher sich die bestimmten Zwecke und Individuen ohne Verletzung und Gegensatz einklangvoll betätigen. Was daher in dem tragischen Ausgange aufgehoben wird, ist nur die *einseitige* Besonderheit, welche sich dieser Harmonie nicht zu fügen vermocht hatte und sich nun in der Tragik ihres Handelns, kann sie von sich selbst und ihrem Vorhaben nicht ablassen, ihrer ganzen Totalität nach dem Untergange preisgegeben oder sich wenigstens genötigt sieht, auf die Durchführung ihres Zwecks, wenn sie es vermag, zu resignieren. In dieser Rücksicht hat Aristoteles bekanntlich die wahrhafte Wirkung der Tragödie darin gesetzt, daß sie *Furcht* und *Mitleid* erregen und reinigen solle. Unter dieser Behauptung verstand Aristoteles nicht die bloße Empfindung der Zustimmung oder Nichtzustimmung zu meiner Subjektivität, das Angenehme oder Unangenehme, Ansprechende oder Abstoßende, diese oberflächlichste aller Bestimmungen, die man erst in neuerer Zeit zum Prinzip des Beifalls und Mißfallens hat machen wollen. Denn dem Kunstwerke darf es nur darauf ankommen, das zur Darstellung zu bringen, was der Vernunft und Wahrheit des Geistes zusagt, und um hiefür das Prinzip zu erforschen, ist es notwendig, sein Augenmerk auf ganz andere Gesichtspunkte zu richten. Auch bei diesem Ausspruch des Aristoteles müssen wir uns deshalb nicht an die bloße Empfindung der Furcht und des Mitleidens halten, sondern an das Prinzip des *Inhalts*, dessen kunstgemäße Erscheinung diese Empfindungen reinigen soll. Fürchten kann sich der Mensch einerseits vor der Macht des Äußern und Endlichen, andererseits aber vor der Gewalt des Anundfürsichseienden. Was nun der Mensch wahrhaft zu fürchten hat, ist nicht die äußere Gewalt und deren Unterdrückung, sondern die sittliche Macht, die eine

Bestimmung seiner eigenen freien Vernunft und zugleich das Ewige und Unverletzliche ist, das er, wenn er sich dagegen kehrt, gegen sich selber aufruft. Wie die Furcht hat auch das Mitleiden zweierlei Gegenstände. Der erste betrifft die gewöhnliche Rührung, d. h. die Sympathie mit dem Unglück und Leiden anderer, das als etwas Endliches und Negatives empfunden wird. Mit solchem Bedauern sind besonders die kleinstädtischen Weiber gleich bei der Hand. Bemitleidet und bedauert will aber der edle und große Mensch auf diese Weise nicht sein. Denn insofern nur die nichtige Seite, das Negative des Unglücks herausgehoben wird, liegt eine Herabsetzung des Unglücklichen darin. Das wahrhafte Mitleiden ist im Gegenteil die Sympathie mit der zugleich sittlichen Berechtigung des Leidenden, mit dem Affirmativen und Substantiellen, das in ihm vorhanden sein muß. Diese Art des Mitleidens können uns Lumpe und Schufte nicht einflößen. Soll deshalb der tragische Charakter, wie er uns die Furcht vor der Macht der verletzten Sittlichkeit einflößte, in seinem Unglück eine tragische Sympathie erwecken, so muß er in sich selbst gehaltvoll und tüchtig sein. Denn nur ein wahrhafter Gehalt schlägt in die edle Menschenbrust ein und erschüttert sie in ihren Tiefen. Daher dürfen wir denn auch das Interesse für den tragischen Ausgang nicht mit der einfältigen Befriedigung verwechseln, daß eine traurige Geschichte ein Unglück als Unglück, unsere Teilnahme in Anspruch nehmen soll. Dergleichen Kläglichkeiten können dem Menschen ohne sein Dazutun und Schuld durch die bloßen Konjunkturen der äußeren Zufälligkeiten und relativen Umstände, durch Krankheit, Verlust des Vermögens, Tod usw. zustoßen, und das eigentliche Interesse, welches uns dabei ergreifen sollte, ist nur der Eifer, hinzuzueilen und zu helfen. Vermag man dies nicht, so sind die Gemälde des Jammers und Elends nur zerreißend. Ein wahrhaft tragisches Leiden hingegen wird über die handelnden Individuen nur als Folge ihrer eigenen – ebenso berechtigten als durch ihre Kollision schuldvollen – Tat verhängt, für die sie auch mit ihrem ganzen Selbst einzustehn haben.

Über der bloßen Furcht und tragischen Sympathie steht deshalb das Gefühl der *Versöhnung*, das die Tragödie durch den Anblick der ewigen Gerechtigkeit gewährt, welche in ihrem absoluten Walten durch die relative Berechtigung einseitiger

Zwecke und Leidenschaften hindurchgreift, weil sie nicht dulden kann, daß der Konflikt und Widerspruch der ihrem Begriffe nach einigen sittlichen Mächte in der wahrhaften Wirklichkeit sich siegreich durchsetze und Bestand erhalte.

Indem nun, diesem Prinzipe zufolge, das Tragische vornehmlich auf der Anschauung solch eines Konflikts und dessen Lösung beruht, so ist zugleich die dramatische Poesie, ihrer ganzen Darstellungsweise nach, allein befähigt, das Tragische in seinem totalen Umfange und Verlaufe zum Prinzip des Kunstwerks zu machen und vollständig auszugestalten. Aus diesem Grunde habe ich auch jetzt erst von der tragischen Anschauungsweise zu sprechen Gelegenheit genommen, obschon sie, wenn zwar in geringerem Grade, ihre Wirksamkeit auch über die anderen Künste vielfach ausdehnt.

Schuld und Unschuld

Bei allen diesen tragischen Konflikten nun aber müssen wir vornehmlich die falsche Vorstellung von *Schuld* oder *Unschuld* beiseite lassen. Die tragischen Heroen sind ebenso schuldig als unschuldig. Gilt die Vorstellung, der Mensch sei schuldig nur in *dem* Falle, daß ihm eine Wahl offenstand und er sich mit Willkür zu dem entschloß, was er ausführt, so sind die alten plastischen Figuren unschuldig; sie handeln aus diesem Charakter, diesem Pathos, weil sie gerade dieser Charakter, dieses Pathos sind; da ist keine Unentschlossenheit und keine Wahl. Das eben ist die Stärke der großen Charaktere, daß sie nicht wählen, sondern durch und durch von Hause aus das *sind*, was sie wollen und vollbringen. Sie sind das, was sie sind, und ewig dies, und das ist ihre Größe. Denn die Schwäche im Handeln besteht nur in der Trennung des Subjekts als solchen und seines Inhalts, so daß Charakter, Willen und Zweck nicht absolut in eins gewachsen erscheinen und das Individuum sich, indem ihm kein fester Zweck als Substanz seiner eigenen Individualität, als Pathos und Macht seines ganzen Wollens in der Seele lebt, unentschlossen noch von diesem zu jenem wenden und sich nach Willkür entscheiden kann. Dies Herüber und Hinüber ist aus den plastischen Gestalten entfernt; das Band zwischen Subjektivität und Inhalt des Wollens bleibt für sie unauflöslich. Was sie zu ihrer

Tat treibt, ist eben das sittlich berechtigte Pathos, welches sie nun auch in pathetischer Beredsamkeit gegeneinander nicht in der subjektiven Rhetorik des Herzens und Sophistik der Leidenschaft geltend machen, sondern in jener ebenso gediegenen als gebildeten Objektivität, in deren Tiefe, Maß und plastisch lebendiger Schönheit vor allem Sophokles Meister war. Zugleich aber führt ihr kollisionsvolles Pathos sie zu verletzenden, schuldvollen Taten. An diesen nun wollen sie nicht etwa unschuldig sein. Im Gegenteil: was sie getan, wirklich getan zu haben, ist ihr Ruhm. Solch einem Heros könnte man nichts Schlimmeres nachsagen, als daß er unschuldig gehandelt habe. Es ist die Ehre der großen Charaktere, schuldig zu sein. Sie wollen nicht zum Mitleiden, zur Rührung bewegen. Denn nicht das Substantielle, sondern die subjektive Vertiefung der Persönlichkeit, das *subjektive* Leiden rührt. Ihr fester, starker Charakter aber ist eins mit seinem wesentlichen Pathos, und dieser unscheidbare Einklang flößt Bewunderung ein, nicht Rührung, zu der auch Euripides erst übergegangen ist.

Über die Komödie

ββ. Komisch nämlich, wie wir sahen, ist überhaupt die Subjektivität, die ihr Handeln durch sich selber in Widerspruch bringt und auflöst, dabei aber ebenso ruhig und ihrer selbst gewiß bleibt. Die Komödie hat daher das zu ihrer Grundlage und ihrem Ausgangspunkte, womit die Tragödie schließen kann: das in sich absolut versöhnte, heitere Gemüt, das, wenn es auch sein Wollen durch seine eigenen Mittel zerstört und an sich selber zuschanden wird, weil es aus sich selbst das Gegenteil seines Zwecks hervorgebracht hat, darum doch nicht seine Wohlgemutheit verliert. Diese Sicherheit des Subjekts aber ist andererseits nur dadurch möglich, daß die Zwecke und damit auch die Charaktere entweder an und für sich nichts Substantielles enthalten oder, haben sie an und für sich Wesentlichkeit, dennoch in einer ihrer Wahrheit nach schlechthin entgegengesetzten und deshalb substanzlosen Gestalt zum Zweck gemacht und durchgeführt werden, so daß in dieser Rücksicht also immer nur das an sich selber Nichtige und Gleichgültige zugrunde geht und das Subjekt ungestört aufrecht stehenbleibt.

Dies ist nun auch im ganzen der Begriff der alten klassischen Komödie, wie sie sich für uns in den Stücken des Aristophanes erhalten hat. Man muß in dieser Rücksicht sehr wohl unterscheiden, ob die handelnden Personen für sich selbst komisch sind oder nur für die Zuschauer. Das erstere allein ist zur wahrhaften Komik zu rechnen, in welcher Aristophanes Meister war. Diesem Standpunkte gemäß stellt sich ein Individuum nur dann als lächerlich dar, wenn sich zeigt, es sei ihm in dem Ernste seines Zwecks und Willens selber nicht Ernst; so daß dieser Ernst immer für das Subjekt selbst seine eigene Zerstörung mit sich führt, weil es sich eben von Hause aus in kein höheres allgemeingültiges Interesse, das in eine wesentliche Entzweiung bringt, einlassen kann und, wenn es sich auch wirklich darauf einläßt, nur eine Natur zum Vorschein kommen läßt, die durch ihre gegenwärtige Existenz unmittelbar das schon zunichte gemacht hat, was sie scheint ins Werk richten zu wollen, so daß man sieht, es ist eigentlich gar nicht in sie eingedrungen. Das Komische spielt deshalb mehr in unteren Ständen der Gegenwart und Wirklichkeit selbst, unter Menschen, die einmal sind, wie sie eben sind, nicht anders sein können und wollen und, jedes echten Pathos unfähig, dennoch nicht den mindesten Zweifel in das setzen, was sie sind und treiben. Zugleich aber tun sie sich als höhere Naturen dadurch kund, daß sie nicht an die Endlichkeit, in welche sie sich hineinbegeben, ernstlich gebunden sind, sondern darüber erhoben und gegen Mißlingen und Verlust in sich selber fest und gesichert bleiben. Diese absolute Freiheit des Geistes, die an und für sich in allem, was der Mensch beginnt, von Anfang an getröstet ist, diese Welt der subjektiven Heiterkeit ist es, in welche uns Aristophanes einführt. Ohne ihn gelesen zu haben, läßt sich kaum wissen, wie dem Menschen sauwohl sein kann. – Die Interessen nun, in welchen diese Art der Komödie sich bewegt, brauchen nicht etwa aus den der Sittlichkeit, Religion und Kunst entgegengesetzten Gebieten hergenommen zu sein; im Gegenteil, die alte griechische Komödie hält sich gerade innerhalb dieses objektiven und substantiellen Kreises, aber es ist die subjektive Willkür, die gemeine Torheit und Verkehrtheit, wodurch die Individuen sich Handlungen, die höher hinauswollen, zunichte machen. Und hier bietet sich für Aristophanes ein reicher, glücklicher Stoff, teils an den griechischen Göttern, teils an dem atheniensischen Volke dar. Denn die Gestaltung des Göttlichen zur menschlichen Individualität hat an dieser Repräsentation und deren Besonderheit, insofern dieselbe weiter gegen das Partikuläre und Menschliche hin ausgeführt wird, selbst den Gegensatz gegen die Hoheit ihrer Bedeutung und läßt sich als ein leeres Aufspreizen dieser ihr unangemessenen Subjektivität darstellen. Besonders aber liebt es Aristophanes, die Torheiten des Demos, die Tollheiten seiner Redner und Staatsmänner, die Verkehrtheit des Krieges, vor allem aber am unbarmherzigsten die neue Richtung des Euripides in der Tragödie auf die possierlichste und zugleich tiefste Weise dem Gelächter seiner Mitbürger preiszugeben. Die Personen, in denen er diesen Inhalt seiner großartigen Komik verkörpert, macht er in unerschöpflicher Laune gleich von vornherein zu Toren, so daß man sogleich sieht, daß nichts Gescheites herauskommen könne. So den Strepsiades, der zu den Philosophen gehn will, seiner Schulden ledig zu werden; so den Sokrates, der sich zum Lehrer des Strepsiades und seines Sohnes hergibt; so den Bacchus, den er in die Unterwelt hinabsteigen läßt, um wieder einen wahrhaften Tragiker hervorzuholen; ebenso den Kleon, die Weiber, die Griechen, welche die Friedensgöttin aus dem Brunnen ziehen wollen usf. Der Hauptton, der uns aus diesen Darstellungen entgegenklingt, ist das um so unverwüstbarere Zutrauen aller dieser Figuren zu sich selbst, je unfähiger sie sich zur Ausführung dessen zeigen, was sie unternehmen. Die Toren sind so unbefangene Toren, und auch die verständigeren haben gleich solch einen Anstrich des Widerspruchs mit dem, worauf sie sich einlassen, daß sie nun auch diese unbefangene Sicherheit der Subjektivität, es mag kommen und gehn, wie es will, niemals verlieren. Es ist die lachende Seligkeit der olympischen Götter, ihr unbekümmerter Gleichmut, der in die Menschen heimgekehrt und mit allem fertig ist. Dabei zeigt sich Aristophanes nie als ein kahler, schlechter Spötter, sondern er war ein Mann von geistreicher Bildung, der vortrefflichste Bürger, dem es Ernst blieb mit dem Wohle Athens und der sich durchweg als wahrer Patriot bewies. Was sich daher in seinen Komödien in voller Auflösung darstellt, ist, wie ich schon früher sagte, nicht das Göttliche und Sittliche, sondern die durchgängige Verkehrtheit, die sich zu dem Schein dieser substantiellen Mächte aufspreizt, die Gestalt und individuelle Erscheinung, in welcher die eigentliche Sache schon von Hause aus nicht mehr vorhanden ist, so daß sie dem ungeheuchelten Spiele der Subjektivität offen kann bloßgegeben werden. Indem aber Aristophanes den absoluten Widerspruch des wahren Wesens der Götter, des politischen und sittlichen Daseins und der Subjektivität der Bürger und Individuen, welche diesen Gehalt verwirklichen sollen, vorführt, liegt selber in diesem Siege der Subjektivität, aller Einsicht zum Trotz, eines der größten Symptome vom Verderben Griechenlands, und so sind diese Gebilde eines unbefangenen Grundwohlseins in der Tat die letzten großen Resultate, welche aus der Poesie des geistreichen, bildungsvollen, witzigen griechischen Volkes hervorgehn.

KARL IMMERMANN

Aus: Tragische Ironie

...Der Dichter will uns also eigentlich auf einem höhern Standpuncte der Wahrheit orientiren, von welchem herab Ajax als ein gewöhnlicher Mensch, und sein Fall als ein problematisches, doppelt zu deutendes Ereigniß erscheint. Wir haben zu öftern gesagt, daß diese Behandlung des Stoffs ironisch sey. Der Schein des Entgegengesetzten wird vom Dichter dargestellt, und indem er diesen dialektisch immer mehr entfaltet, tritt auf dem äußersten Puncte die Wirklichkeit hervor. Die tragische Kunst nimmt in Nachahmung der Naturgesetze diese Behandlungsweise in sich auf, sobald sie die Verknüpfung der Menschenschicksale darstellt. Denn das Leben ist ironisch, es wiederlegt nie gradezu, sondern entfaltet den Irrthum, und zeigt ihn eben dadurch als Irrthum. Da nun dieses Gesetz der Ironie schwer zu fassen ist, und nur einer hohen und freyen Weltbetrachtung sich offenbart, so erzeugt es künstlerisch befolgt, etwas Räthselhaftes, welches aber dem Gründlichbeobachtenden einen Beweis für die Freiheit und Höhe des Dichters liefert.

Die Ironie gehört zu den Mitteln, wodurch die Darstellung von dem Dargestellten gesondert, und die Form als Kunstform ausgeprägt wird. So entscheidend, wie in unsrem Stücke, waltet sie bey Sophocles nur noch in den Oedipus-Tragödien, und im Philoktet. Oedipus, dem kein Räthsel zu schwer war, ist sich selbst ein Räthsel; indem er, von außen und innen getrieben, scharfsinnig und eifrig strebt, dasselbe zu enthüllen, deckt er den Abgrund seines Elends auf. Aber indem die Darstellung der Entdeckung sittlicher Gräuel Zweck des Dichters zu seyn scheint, belehrt uns das Ende, daß er nur zu einer Verherrlichung der durch jene Gräuel manifestirten heiligen und ewigen Gesetze hinstrebte. Der s e l i g e Tod des Oedipus deckt die Aussicht in ein Empyreum auf, in welchem alle Farben des unschuldigen Zustandes vor Offenbarung der Gräuel, zu höherem Glanze erhoben, leuchten. Das entsetzlichste Menschliche – Vatermord und Blutschande – war doch immer nur etwas Menschliches, was mit dem Leben auch ausgetilgt ward. ...

GEORG BÜCHNER

Dichter und Geschichte

Über mein Drama muß ich einige Worte sagen. Erst muß ich bemerken, daß die Erlaubnis, einige Änderungen machen zu dürfen, allzusehr benutzt worden ist. Fast auf jeder Seite weggelassen, zugesetzt, und fast immer auf die dem Ganzen nachteiligste Weise. Manchmal ist der Sinn ganz entstellt oder ganz und gar weg, und fast platter Unsinn steht an der Stelle. Außerdem wimmelt das Buch von den abscheulichsten Druckfehlern. Man hat mir keinen Korrekturbogen zugeschickt. Der Titel ist abgeschmackt, und mein Name steht darauf, was ich ausdrücklich verboten hatte; er steht außerdem nicht auf dem Titel meines Manuskripts. Außerdem hat mir der Korrektor einige Gemeinheiten in den Mund gelegt, die ich in meinem Leben nicht gesagt haben würde. Gutzkows glänzende Kritiken habe ich gelesen und zu meiner Freude dabei bemerkt, daß ich keine Anlagen zur Eitelkeit habe. Was übrigens die sogenannte Unsittlichkeit meines Buchs angeht, so habe ich folgendes zu antworten: Der dramatische Dichter ist in meinen Augen nichts als ein Geschichtsschreiber, steht aber *über* letzterem dadurch, daß er uns die Geschichte zum zweiten Mal erschafft und uns gleich unmittelbar, statt eine trockene Erzählung zu geben, in das Leben einer Zeit hinein versetzt, uns statt Charakteristiken Charaktere und statt Beschreibungen Gestalten gibt. Seine höchste Aufgabe ist, der Geschichte, wie sie sich wirklich begeben, so nahe als möglich zu kommen. Sein Buch darf weder sittlicher noch unsittlicher sein als die Geschichte selbst; aber die Geschichte ist vom lieben Herrgott nicht zu einer Lektüre für junge Frauenzimmer geschaffen worden, und da ist es mir auch nicht übel zu nehmen, wenn mein Drama ebensowenig dazu geeignet ist. Ich kann doch aus einem Danton und den Banditen der Revolution nicht Tugendhelden machen! Wenn ich ihre Liederlichkeit schildern wollte, so mußte ich sie eben liederlich sein, wenn ich ihre Gottlosigkeit zeigen wollte, so mußte ich sie eben wie Atheisten sprechen lassen. Wenn einige unanständige Ausdrücke vorkommen, so denke man an die weltbekannte, obszöne Sprache der damaligen Zeit, wovon das, was ich meine Leute sagen lasse, nur ein schwacher Abriß ist. Man könnte mir nun noch vorwerfen, daß ich einen solchen Stoff gewählt hätte. Aber der Einwurf ist längst widerlegt. Wollte man ihn gelten lassen, so müßten die größten Meisterwerke der Poesie verworfen werden. Der Dichter ist kein Lehrer der Moral, er erfindet und schafft Gestalten, er macht vergangene Zeiten wieder aufleben, und die Leute mögen dann daraus lernen, so gut wie aus dem Studium der Geschichte und der Beobachtung dessen, was im menschlichen Leben um sie herum vorgeht. Wenn man *so* wollte, dürfte man keine Geschichte studieren, weil sehr viele unmoralische Dinge darin erzählt werden, müßte mit verbundenen Augen über die Gasse gehen, weil man sonst Unanständigkeiten sehen könnte, und müßte über einen Gott Zeter schreien, der eine Welt erschaffen, worauf so viele Liederlichkeiten vorfallen. Wenn man mir übrigens noch sagen wollte, der Dichter müsse die Welt nicht zeigen, wie sie ist, sondern wie sie sein solle, so antworte ich, daß ich es nicht besser machen will als der liebe Gott, der die Welt gewiß gemacht hat, wie sie sein soll. Was noch die sogenannten Idealdichter anbetrifft, so finde ich, daß sie fast nichts als Marionetten mit himmelblauen Nasen und affektiertem Pathos, aber nicht Menschen von Fleisch und Blut gegeben haben, deren Leid und Freude mich mitempfinden macht und deren Tun und Handeln mir Abscheu oder Bewunderung einflößt. Mit einem Wort, ich halte viel auf Goethe oder Shakespeare, aber sehr wenig auf Schiller. Daß übrigens noch die ungünstigsten Kritiken erscheinen werden, versteht sich von selbst; denn die Regierungen müssen doch durch ihre bezahlten Schreiber beweisen lassen, daß ihre Gegner Dummköpfe oder unsittliche Menschen sind. Ich halte übrigens mein Werk keineswegs für vollkommen und werde jede wahrhaft ästhetische Kritik mit Dank annehmen. –

FRANZ GRILLPARZER

Aus: Ueber den gegenwärtigen Zustand der dramatischen Kunst in Deutschland

[a] Die neuesten Aesthetiker wollen der Stoffe suchenden tragischen Kunst bloß allein die Geschichte anweisen, deren Fakta, als unmittelbare Ausflüsse des Weltgeistes, allein die nötige Tiefe und Würde hätten. Lächerlich! Die B e g e b e n h e i t e n mögen wohl allerdings das Werk des Weltgeistes sein, aber die G e s c h i c h t e ? Was ist denn die Geschichte anders, als die Art, wie der G e i s t d e s M e n s c h e n diese ihm undurchdringlichen Begebenheiten aufnimmt; das, weiß Gott ob, Zusammengehörige verbindet; das Unverständliche durch etwas Verständliches ersetzt; seine Begriffe von Zweckmäßigkeit nach außen einem Ganzen unterschiebt, das wohl nur eine nach innen kennt; Absicht findet, wo keine war; Plan, wo an kein Voraussehen zu denken, und wieder Zufall, wo tausend kleine Ursachen wirkten. Was anders ist die Geschichte? Was anders, als das Werk des Menschen? Da es nun aber nicht die Begebenheiten, sondern ihre Verbindung und Begründung ist, worauf es dem Dichter ankommt, so laßt ihn in Gottes Namen sich auch seine Begebenheiten selbst erfinden, wenn er anders dazu Lust hat.

[b] Ein historisches Drama in dem Sinne statuieren, daß der Wert desselben in der völlig treuen Wiedergabe der Geschichte bestehe, ist ebenso lächerlich, als wenn man einst die Aufgabe der Kunst im allgemeinen in der getreuen Nachahmung der Natur suchte und zu finden glaubte. Die Natur in Handlung (Geschichte) ist Natur wie die leblose, und beide Bestreben sind eins so absurd und prosaisch als das andere.

[c] Die Aufgabe der dramatischen und epischen Poesie gegenüber der Geschichte besteht hauptsächlich darin, daß sie die Planmäßigkeit und Ganzheit, welche die Geschichte nur in großen Partien und Zeiträumen erblicken läßt, auch in dem Raum der kleinen gewählten Begebenheit anschaulich macht.

[d] Die Handlung unterscheidet sich dadurch von der Begebenheit, daß bei letzterer hauptsächlich auf die Folgen einer gegebenen Lage Wert gelegt wird, bei der Handlung aber auf ihre Ursachen, wo denn freilich wieder die Lage selbst in die Reihe der Ursachen tritt und mit einer letzten Folge endlich abschließt.

[e] Der Grund, der dem Schicksal seinen Platz im Drama anweist, ist die strenge Ursächlichkeit, die durch das Wesen des Drama bedingt wird. Alle Ereignisse, die kein unmittelbares Produkt einer freien Willenskraft sind, und die im Epos, abgesondert, als Lauf der Welt, als Zufall gelten, können im Drama nur als Glied einer Kette, als Schicksal (mag man es auch Vorsehung taufen) erscheinen.

[f] Man hat öfter über die Bedeutung des Wortes Handlung in poetischer Beziehung gesprochen, und wodurch sie sich vom Ereignis unterscheide. Eben darin, wodurch sie sich historisch oder ethisch unterscheiden. Handlung ist ein Ereignis, dem Absicht zu Grunde liegt. Diese Absicht kann aber entweder in dem Subjekte der Thätigkeit liegen, oder ihrer Thätigkeit von außen entgegengesetzt werden, und zwar wieder entweder von einer andern Person, oder von Umständen, die die Form von Absicht annehmen. Letzteres nennen wir Schicksal.

Vom Schicksal

[a] Es ist in der neuesten Zeit so viel über das Schicksal und seine Anwendbarkeit oder Unanwendbarkeit für die neuere Tragödie gesagt und geschrieben worden, daß ich, da besonders mein Trauerspiel die Ahnfrau den Streit neu entzündet hat, es für meine Schuldigkeit achte, dem Publikum meine Ansichten von dieser vielbesprochenen Sache vorzulegen.

Um nicht weitläuftig zu sein, gleich zur Sache. Vor allem: was verstanden die Alten (die Griechen nämlich) unter dem Worte Fatum, und in welchem Sinne machten sie davon Gebrauch in ihrer Tragödie? Da stoßen wir nun gleich auf verschiedene Meinungen. Der eine findet in dem Fatum der Griechen bloß ihre Naturnotwendigkeit, ein zweiter die strafende Weltgerechtigkeit, ein dritter eine feindselig einwirkende Macht. Unsere Verwunderung über diese Verschiedenheit der Meinungen nimmt ab, wenn wir die Werke der alten Dichter und insbesondere der Tragiker in dieser Beziehung durchgehen und das Schicksal in ebensovielen Gestalten wieder finden. Bald erscheint sie als ausgleichende, selbst die Götter fesselnde Gerechtigkeit, wie im Prometheus, bald als unbedingt notwendige Vorherbestimmung, wie in der Fabel vom Untergange des Labdakosstammes, bald als rächende Nemesis über den Tantaliden. Einmal in Opposition mit den Göttern, ein andermal (wie bei dem Geschlechte des Tantalos) zusammenfallend mit dem Willen der Olympier. Ja, im Euripides treten meistenteils die Götter selbst an die Stelle des Schicksals. Alles dieses muß uns auf den Gedanken bringen, daß wohl die Griechen selbst mit dem Worte Fatum keinen bestimmten, genau begrenzten Begriff verbanden, daß es ihnen erging, wie uns mit den Worten Zufall, Glück und andern, die wir gebrauchen, um gewisse Erscheinungen zu bezeichnen, die da sind, ohne daß wir sie erklären könnten, Worte, die jedermann versteht, wenn sie auch niemand begreift. Und so ist es auch. Die Griechen nannten Schicksal die unbekannte Größe = x, die den Erscheinungen der moralischen Welt zu Grunde liegt, deren Ursache unserm Verstande verborgen bleibt, ob wir gleich ihre Wirkungen gewahr werden. Der ganze Begriff war lediglich ein Ausfluß des dem menschlichen Geiste angeborenen Strebens, dem Begründeten einen Grund aufzufinden, des Strebens, ein Kausalitätsband unter den Erscheinungen der moralischen Welt herzustellen.

Dieses Streben des menschlichen Geistes liegt in seiner Natur und besteht gegenwärtig noch ebenso, wie unter den Heiden. Es sollte zwar scheinen, als ob das Christentum hierin die Lage der Dinge ganz geändert hätte, es s c h e i n t aber nur so. Das Christentum hat uns einen allmächtigen Gott gegeben, der in seinen Händen die Gründe alles Seins hält, und von dem alle Veränderungen ausgehen. Das ist genug, um das ahnende Gemüt zu befriedigen. Aber auch, um den grübelnden Verstand, die schwelgende Phantasie zu bezähmen? Die Erfahrung von 1800 Jahren hat das Gegenteil gezeigt. Wir kennen Gott als den letzten Ring in der Kette der Dinge, aber die Mittelglieder fehlen, und gerade eine Reihe sucht der Verstand. Statt, wie das Gemüt von oben anzufangen und das Irdische an jenes zu knüpfen, beginnt der Verstand, seiner Natur nach, von dem, was er faßt, von dem untersten Gliede nämlich, und sucht nun zu dem obersten auf einer Leiter ohne Stufen emporzusteigen. Hat er sich hier eine Weile vergebens abgemattet, so bricht die Phantasie, die er bisher zügelte, los und verknüpft die hier und dort sichtbaren Ringe der in Dunkel gehüllten Kette mit ihrem Bande, und – *nihil novi in mundo!* Tausend Dinge, die wir nicht begreifen, tausend Schickungen, deren ausgleichenden Grund wir nicht einsehen und die uns ewig an die lästige Beschränktheit der menschlichen Natur verweisen, machen uns irre; die Gewohnheit, Erscheinungen, die aufeinander folgen, in dem Verhältnis von Ursache und Wirkung zu betrachten, trägt das Ihrige bei. Daß das wirklich so ist, zeigt der so allgemein verbreitete Glaube an: Glück, Zufall, Vorbedeutung; unheilbringende Tage, Worte, Handlungen; die Astrologie, die Chiromantie usw. Der Glaube an einen gütigen und gerechten Gott wird dadurch nicht aufgehoben – auch devote Personen hängen an derlei Aberglauben – sondern nur für Augenblicke aus dem Gesichte gerückt. Die Phantasie ist zufrieden, ihr Gebäude bis zu einer Höhe geführt zu haben, deren Entfernung ein klares Weiterschauen unmöglich macht, und ergötzt sich an den verfließenden Umrissen. So ist es, und so wird es bleiben, bis es das Gemüt mit seinem Ahnen und Glauben bis zur Deutlichkeit der Verstandesbegriffe und Phantasiebilder gebracht hat, das heißt, bis ans Ende der Welt.

Dieses vorausgeschickt, erhellt, daß die Idee des Schicksals, obschon für die Philosophie verwerflich, für die Poesie von höchster Wirkung ist. Nicht theoretisch Erwiesenes, sondern praktisch Vorhandenes braucht diese letztere, und was könnte ihren Phantasiegebilden erwünschter sein, als ein von der Phantasie selbst gemalter Hintergrund, der in seiner Unermeßlichkeit ihr Raum zur freiesten Bewegung gibt. Die Frage über Anwendbarkeit des Fatums in der Poesie fällt hierdurch zusammen mit der Frage über die Anwendbarkeit der Gespenster, der vorbedeutenden Träume usw., welche letztere sogar die geisterscheuen Franzosen in ihren Tragödien so wichtige Rollen spielen lassen.

Soll daher die Idee des Fatums in der neueren Tragödie ebenso vorherrschen, wie in der antiken? Nichts weniger als das. Bei der religiösen Tendenz, die den Tragödien der Alten, von ihrem Ursprunge her, anhing, war das Fatum so gut, als das Göttersystem, notwendige Voraussetzung; bei den Neuern wird sie – Maschine, eine schwer zu behandelnde, vorsichtig zu brauchende Maschine, und zwar lediglich für die Tragödie, mit Ausschluß jeder andern Dichtungsart, der Epopöe zum Beispiel. Aus dem Grunde dieses Unterschiedes wird zugleich die Art des Gebrauches folgen.

Der Begriff Schicksal ist bei uns nicht eine Frucht der Ueberzeugung, sondern der dunkeln Ahnung. In allen andern Dichtungsarten spricht der Dichter selbst; was er sagt, ist s e i n e Meinung, und daher wäre ein auf die Idee des Fatums gegründetes neueres Epos ein Unding. Im Drama sprechen die handelnden Personen, und hier liegt es in der Macht des Dichters, ihre Charaktere so zu stellen, den Sturm ihrer Leidenschaften so zu lenken, daß die Idee des Schicksals in ihnen entstehen muß. Wie das Wort ausgesprochen oder die Idee rege gemacht worden ist, schlägt ein Blitz in die Seele des Zusehers. Alles, was er hierüber in schmerzlichen Stunden ausgegrübelt, gehört, geahnet und geträumt, wird rege, die dunkeln Mächte erwachen und er spielt die Tragödie mit. Aber nie trete der Dichter vor und erkläre den Glauben seiner Personen für den seinigen. Dasselbe Dunkel, welches über das Wesen des Schicksales herrscht, herrsche auch in seiner Erwähnung desselben; seine Personen mögen ihren Glauben daran deutlich aussprechen, aber immer bleibe dem Zuschauer unausgemacht, ob er dem launichten Wechsel des Lebens oder einer verborgenen Waltung das schauderhafte Unheil zuschreiben soll, er selber ahne das letztere, es werde ihm aber nicht klar gemacht; denn ein ausgesprochener Irrtum stößt zurück.

Auf diese Art hat Müllner die Idee des Schicksals gebraucht, auf diese Art schmeichle ich mir, sie gebraucht zu haben, und die Wirkung, die dieselbe auch auf den gebildeten Teil des Publikums gemacht hat, bekräftigt meine Meinung.

Mit dieser Erklärung werden vielleicht gerade die eifrigsten

Verteidiger des Fatums am wenigsten zufrieden sein, die demselben einen großen Dienst zu erweisen glaubten, wenn sie es in Verbindung mit den Grundsätzen der christlichen Religion zu bringen suchten und der Tragödie, wer weiß, was für eine hohe moralische Bestimmung anwiesen. Aber sie mögen sich vorsehen. Das eben ist das Unglück der Deutschen, daß sie ewig all ihr Wissen zu Markte bringen und nicht glauben, eine rechte Tragödie gemacht zu haben, wenn sie nicht im Notfall zugleich als ein Kompendium der Philosophie, Religion, Geschichte, Statistik und Physik gelten kann, so daß man in ihren dramatischen Werken alles bis auf das Dramatische antrifft. Ich kann einmal nicht helfen, und alle eigentlich p r o d u k t i v poetischen Köpfe werden mir hoffentlich beistimmen. Menschliche Handlungen und Leidenschaften sind der Vorwurf der tragischen Kunst, alles andere, und wäre es auch das Höchste, bleibt zwar nicht ausgeschlossen, aber ist – M a s c h i n e. Religion auf die Kanzel, Philosophie auf den Katheder, der Mensch mit seinem Thun und Treiben, seinen Freuden und Leiden, Irrtümern und Verbrechen auf die Bühne. Und somit genug.

[b] Was man S c h i c k s a l nennt, muß dem poesielosen neuern Deutschland notwendig unstatthaft erscheinen, da die ganze Idee, abgesehen von einer teilweisen Realität, rein Poesie ist. Ein Anthropomorphismus, eine Personifikation der Naturnotwendigkeit, der von unserm Willen unabhängigen äußern Umstände. Ein Welttropus. Was die ä u ß e r e   G e s t a l t betrifft, in der diese Figur auftritt, so hängt sie von der Form ab, in der sie der jedesmaligen Zeit geläufig ist.

JOHANN NESTROY

Über das Schicksal

Vergnügungen kosten Geld, der Arme hat kein Geld, folglich hat er kein Vergnügen. Kein Wunder, wenn der Arme ein Mißvergnügter is. Mißvergnügter, Verschworner und Revolutionär, das sind Geschwisterkinder... Revolutionairs stürmen in der Regel gegen die irdischen Regierungen an. Das is mir zu geringfügig, ich suche das Übel tiefer oder eigentlich höher, ich revoltiere gegen die Weltregierung, das heißt gegen das, was man eigentlich Schicksal nennt, ich trage einen unsichtbaren Calabreser mit einer imaginären rothen Feder, die mich zum Giganten macht; Giganten waren antediluvianische Studenten, sie haben den Chimborasso und Lepoldiberg aufeinandergestellt... und sie haben Barrikaden gebaut, um den Himmel zu stürmen. Das war so eine Idee, dabei schaut doch was heraus, den gräulichen Absolutismus des Schicksals vernichten, das Verhängnis constitutionell machen, daß es Rechenschaft ablegen müßt, sowohl über Verschleuderung als Verweigerung seiner Gaben.

Und wann's auch – was bey allen solchen Unternehmungen der Fall is – mißlingt, so bleibt es doch ein schönes Bewußtseyn, dem Schicksal ins Gesicht gesagt zu haben, daß das Leben so vieler nichts ist als ein beständiges Wandeln durch Triumphbogen der freudigsten Überraschungen, während Millionen Gleichberechtigte nur dazu da sind, um die Grabschriften ihrer Hoffnungen zu zählen.

s' Schicksal hat alles, was die von ihm beherrschten Menschen empören muß. Es gibt wohl viele, die 's mit Geduld ertragen, das sind eigentlich recht die G'scheidten, die einsehen, daß es umsonst, und daß ohnmächtige Empörung immer lächerlich ist; aber deshalb sind sie doch immerhin sanfte Aufrührer, servile Revolutionäre, zarte Proletarier.

Der größte Fehler des Schicksals ist sein Zopf. Wir haben a dato das nehmliche Schicksal, was vor 2000 Jahren schon zu nix z'brauchen war, als bey die altgriechischen Trauerspiel den bösen Zauberer abzugeben. Wie paßt das für heutzutag, wo der Mensch statt demüthig auf die Nasen zu fallen, lieber den Kopf zurückwirft und fragt: Warum? Das Schicksal ist Aristokrat der strengsten Haltung. Außerdem hat es auch die schöne Eigenschaft, es ist Bureaucrat. Wenn Beschwerden eingereicht werden von den Partheien, so is eine Erledigung nicht zu erleben. Das meiste wird auf die lange Bank der Ewigkeit geschoben und diese Bank is auch die Banque, die alle die zahllosen Anweisungen auf himmelschreiende Ungerechtigkeitsentschädigungen auszahlen soll. Der Ewigkeit is eine enorme Staatsschuld aufgebürdet, und sie hilft sich mit Assignaten auf den Himmel, so gut sie kann. Der Himmel is allerdings eine herrliche Idee, aber für zwey höchst wichtige Sachen bietet der Himmel keine Garantie für das Vergessen und das Wiedersehen unserer Lieben und ohne Vergessen und ohne Wiedersehen können wir komischen Geschöpfe uns keinen Himmel denken.

Das Wiedersehen hat offenbar verschiedene Übelstände, die einer gründlichen Beseitigung bedürfen.

Wissen wir, wie groß der Himmel is? ob man da nicht in Berührungen kommt, in Seelenanstreifungen, die einem höchst zuwider sind? Jeder, der Versöhnlichste Mensch hat a Paar Individuen, die ihm den Himmel gewaltig verschandelten, wenn er's droben begegnen müßt, und andererseits, wenn wegen jeden Seeligen, dem die Seeligkeit eines anderen Seeligen ein Dorn im Aug is, dieser andere gleich verdammt werden müßt, bleibet der Himmel leer, wie die 17te Vorstellung von einem durchgefallenen Stück.

Wir haben ja Beispiele, daß junge Leut auch sterben, setzen wir uns also in die Lag', wenn so ein junger Mensch in Himmel kommt, er laßt auf Erden eine schwärmerische Geliebte zurück, die sich 5 Monath zu Tod kränkt um ihn, und im 6.ten einen andern heurath. Nach a paar Jahren, die der ganz himmlisch zubringt, hört er zufällig, heut' is gar a hübsches neu's Engerl ankommen von der Welt; er fragt, von wem bist denn, du lieb's Engerl du, und's kleine Engerl sagt, ich bin's verstorb'ne Maderl von der und der, erkennt, daß die Mutter seine treugeglaubte, an einen anderen verheurathete Laura is. Das is jedenfalls eine Schattenseite des ewigen Lichtes das uns da droben leuchten soll.

Nehmen wir einen andern Fall, der Tod zerreißt ein kaum geschlungenes Eheband. Er kommt in Himmel, und sie bleibt noch zehn Jahr mit und 30 Jahre ohne Anfechtung auf der Erden zurück, endlich wird auch sie hinübergezüg'nglöcklg'läut't. Oben finden sie sich, er is mit sein jugendlichen Begriffe seelig geworden, sie kommt gestählt durch die bittersten Erfahrungen in die jenseitigen Freuden, – kann eine wahre Harmonie seyn zwischen diese zwey Seelen, und wenn zwey Seelen nicht zusammhalten können, was is das für a Himmel, da wurd' er durch manche irdische schöne Stund zu Schanden gemacht.

Jetzt erst, was das Wichtigste ist, – für's Vergessen, biethet der Himmel gar keine Garantie. Im Gegentheil man spricht von himmlischen Jalugittern, aus welchen man einen klaren Überblick über alles Irdische genießen soll, aber gerade die Klarheit dieses Überblicks is der schwärzeste Schlagschatten, der auf'n Himmel fallt.

Wie viele werden in Himmel kommen, die noch Angehörige haben auf dieser Welt. Jetzt wenn die von da oben all das Unglück, all die Verirrungen oder gar die Verbrechen der Ihrigen anschauen müssen, muß ihnen das nicht in die seelige Seel schneiden, und stürzeten sich nicht Tausende von Himmelsbewohnern trostlos auf die Welt – und wenn sie 's nicht thäten, verdieneten sie den Himmel, da seine Freuden sie stumpf machen konnten für den Jammer ihrer Angehörigen. Jetzt nehmen wir erst das, wenn Ältern in Himmel kommen – ich will noch von die Väter nix sagen, Vater is doch so eine gröbere Sach', aber es kommen auch Mütter hinauf – und Mutterliebe is wahrscheinlich das einzig wahrhaft unbegrenzte im Universum – Nehmen wir also den Fall an, eine Mutter kommt in Himmel, und ihr Kind muß noch Jahre des Elend's auf der Erden verleb'n. Das ereignet sich doch oft. Wie bettelarm steht da selbst die Allmacht da? Wie müßt der Himmel da versag'n, wenn er mit all seinem Fixsternglanz nur ein Strahl von Heiterkeit in der Herzensnacht einer wahren Mutter auftreiben sollt!

Jetzt das sind natürlich nix als philosophische Mussenzen, die manchmal aufperlen im Leidenskelch des Lebens, die natürlich bei einem voll aufperlenden Champagnerglas verschwinden, die aber – – –

FRIEDRICH HEBBEL

Aus: Mein Wort über das Drama!

... Es fragt sich nun: in welchem Verhältniß steht das Drama zur Geschichte und in wie fern muß es historisch sein? Ich denke, so weit, als es dieses schon an und für sich ist, und als die Kunst für die höchste Geschichtschreibung gelten darf, indem sie die großartigsten und bedeutendsten Lebensprocesse gar nicht darstellen kann, ohne die entscheidenden historischen Krisen, welche sie hervorrufen und bedingen, die Auflockerung oder die allmälige Verdichtung der religiösen und politischen Formen der Welt, als der Hauptleiter und Träger aller Bildung, mit einem Wort: die Atmosphäre der Zeiten zugleich mit zur Anschauung zu bringen. Die materielle Geschichte, die schon Napoleon die Fabel der Uebereinkunft nannte, dieser buntscheckige ungeheure Wust von zweifelhaften Thatsachen, und einseitig oder gar nicht umrissenen Characterbildern, wird früher oder später das menschliche Fassungsvermögen übersteigen, und das neuere Drama, besonders das Shakespear'sche, und nicht bloß das vorzugsweise historisch genannte, sondern das ganze, könnte auf diesem Wege zur entfernteren Nachwelt ganz von selbst in dieselbe Stellung kommen, worin das antike zu uns steht. Dann, eher wohl nicht, wird man aufhören, mit beschränktem Sinn nach einer gemeinen Identität zwischen Kunst und Geschichte zu forschen und gegebene und verarbeitete Situationen und Charactere ängstlich mit einander zu vergleichen, denn man hat einsehen gelernt, daß dabei ja doch nur die fast gleichgültige Uebereinstimmung zwischen dem ersten und zweiten Portrait, nicht aber die zwischen Bild und Wahrheit überhaupt, herausgebracht werden kann, und man hat erkannt, daß das Drama nicht bloß in seiner Totalität, wo es sich von selbst versteht, sondern daß es schon in jedem seiner Elemente symbolisch ist und als symbolisch betrachtet werden muß, eben so wie der Maler die Farben, durch die er seinen Figuren rothe Wangen und blaue Augen giebt, nicht aus wirklichem Menschenblut heraus destillirt, sondern sich ruhig und unangefochten des Zinnobers und des Indigos bedient. . . .

Aus: Vorwort zur „Maria Magdalene"

... der Mensch dieses Jahrhunderts will nicht, wie man ihm Schuld giebt, neue und unerhörte Institutionen, er will nur ein besseres Fundament für die schon vorhandenen, er will, daß sie sich auf Nichts, als auf Sittlichkeit und Nothwendigkeit, die identisch sind, stützen und also den äußeren Haken, an dem sie bis jetzt zum Theil befestigt waren, gegen den inneren Schwerpunct, aus dem sie sich vollständig ableiten lassen, vertauschen sollen. Dieß ist, nach meiner Ueberzeugung, der welthistorische Proceß, der in unseren Tagen vor sich geht, die Philosophie, von Kant, und eigentlich von Spinoza an, hat ihn, zersetzend und auflösend, vorbereitet, und die dramatische Kunst, vorausgesetzt, daß sie überhaupt noch Etwas soll, denn der bisherige Kreis ist durchlaufen und Duplicate sind vom Ueberfluß und passen nicht in den Haushalt der Literatur, soll ihn beendigen helfen, sie soll, wie es in einer ähnlichen Krisis Aeschylos, Sophocles, Euripides und Aristophanes, die nicht von ungefähr und etwa bloß, weil das Schicksal es mit dem Theater der Athener besonders wohl meinte, so kurz hinter einander hervortraten, gethan haben, in großen gewaltigen Bildern zeigen, wie die bisher nicht durchaus in einem lebendigen Organismus gesättigt aufgegangenen, sondern zum Theil nur in einem Scheinkörper erstarrt gewesenen und durch die letzte große Geschichts-Bewegung entfesselten Elemente, durch einander fluthend und sich gegenseitig bekämpfend, die neue Form der Menschheit, in welcher Alles wieder an seine Stelle treten, in welcher das Weib dem Manne wieder gegenüber stehen wird, wie dieser der Gesellschaft, und wie die Gesellschaft der Idee, erzeugen....

Eine Dichtung, die sich für eine dramatische giebt, muß darstellbar sein, jedoch nur deshalb, weil, was der Künstler nicht darzustellen vermag, von dem Dichter selbst nicht dargestellt wurde, sondern Embryo und Gedanken-Schemen blieb. Darstellbar ist nun nur das Handeln, nicht das Denken und Empfinden; Gedanken und Empfindungen gehören also nicht an sich, sondern immer nur so weit, als sie sich unmittelbar zur Handlung umbilden, in's Drama hinein; dagegen sind aber auch Handlungen keine Handlungen, wenigstens keine dramatische, wenn sie sich ohne die sie vorbereitenden Gedanken und die sie begleitenden Empfindungen, in nackter Abgerissenheit, wie Natur-Vorfälle, hinstellen, sonst wäre ein stillschweigend gezogener Degen der Höhepunct aller Action. Auch ist nicht zu übersehen, daß die Kluft zwischen Handeln und Leiden keineswegs so groß ist, als die Sprache sie macht, denn alles Handeln lös't sich dem Schicksal, d. h. dem Welt-Willen gegenüber, in ein Leiden auf, und gerade dieß wird in der Tragödie veranschaulicht, alles Leiden aber ist im Individuum ein nach innen gekehrtes Handeln, und wie unser Interesse mit eben so großer Befriedigung auf dem Menschen ruht, wenn er sich auf sich selbst, auf das Ewige und Unvergängliche im zerschmetterten Individuum besinnt und sich dadurch wieder herstellt, was im Leiden geschieht, als wenn er dem Ewigen und Unvergänglichen in individueller Gebundenheit Trotz bietet, und dafür von diesem, das über alle Manifestation hinausgeht, wie z. B. unser Gedanke über die Hand, die er in Thätigkeit setzt, und das selbst dann, wenn ihm der Wille nicht entgegen tritt, noch im Ich auf eine hemmende Schranke stoßen kann, die strenge Zurechtweisung empfängt, so ist das E i n e auch eben so gut d a r s t e l l b a r, wie das A n d e r e, und erfordert höchstens d e n g r ö ß e r e n Künstler. Ich wiederhole es: eine Dichtung, die sich für eine dramatische giebt, muß darstellbar sein, weil, was der Künstler nicht darzustellen vermag, von dem Dichter selbst nicht dargestellt wurde, sondern Embryo und Gedanken-Schemen blieb. Dieser innere Grund ist zugleich der einzige, die mimische Darstellbarkeit ist das allein untrügliche Kriterium der poetischen Darstellung, darum darf der Dichter sie nie aus den Augen verlieren. Aber diese D a r s t e l l b a r k e i t ist nicht nach der C o n v e n i e n z und den in „steter Wandlung" begriffenen M o d e - V o r u r t h e i l e n zu bemessen, und wenn sie ihr Maaß von dem realen Theater entlehnen will, so hat sie nach dem T h e a t e r a l l e r Z e i t e n, nicht aber nach dieser oder jener speciellen Bühne, worin ja, wer kann es wissen, wie jetzt die jungen Mädchen, vielleicht noch einmal die Kinder das Präsidium führen, und dann, ihren unschuldigen Bedürfnissen gemäß, darauf bestehen werden, daß die Ideen der Stücke nicht über das Niveau von: quäle nie ein Thier zum Scherz usw. oder: Schwarzbeerchen, bist du noch so schön usw. hinausgehen sollen, zu fragen. Es ergiebt sich bei einigem Nachdenken von selbst, daß der Dichter nicht, wie es ein seichter Geschmack, und auch ein unvollständiger und frühreifer Schönheits-Begriff, der, um sich bequemer und schneller abschließen zu können, die volle Wahrheit nicht in sich aufzunehmen wagt, von ihm verlangen, z u g l e i c h e i n B i l d d e r W e l t geben und doch von den E l e m e n t e n, woraus die W e l t b e s t e h t, d i e w i d e r s p e n s t i g e n a u s s c h e i d e n k a n n, sondern daß er alle gerechten Ansprüche befriedigt, wenn er jedem dieser Elemente die rechte Stelle anweis't, und die untergeordneten, die sich nun einmal, wie querlaufende Nerven und Adern, mit im Organismus vorfinden, nur hervor treten läßt, damit die höhern sie verzehren. Davon, daß der Werth und die Bedeutung eines Dramas von dem durch hundert und tausend Zufälligkeiten bedingten Umstand, ob es zur Aufführung kommt oder nicht, also von seinem äußern Schicksal, abhange, kann ich mich nicht überzeugen, denn, wenn das Theater, das als vermittelndes Organ zwischen der Poesie und dem Publicum sehr hoch zu schätzen ist, eine solche Wunderkraft besäße, so müßte es zunächst doch das lebendig erhalten, was sich ihm mit Leib und Seele ergiebt; wo bleiben sie aber, die hundert und tausend „bühnengerechten" Stücke, die „mit verdientem Beifall" unter „zahlreichen Wiederholungen" über die Bretter gehen? Und um von der Fabrik-Waare abzusehen, werden Shakspeare und Calderon, die ja doch nicht bloß große dramatische Dichter, sondern auch wahre Theater-Schriftsteller gewesen sein sollen, gespielt, hat das Theater sie nicht längst fallen lassen und dadurch bewiesen, daß es so wenig das Vortreffliche, als das Nichtige, fest hält, geht daraus aber nicht mit Evidenz hervor, daß nicht, wie diejenigen, die nur halb wissen, worauf es ankommt, meinen, das factische Dargestelltwerden, das früher oder später aufhört, ohne darum der Wirkung des Dichters eine Gränze zu setzen, sondern die von mir aus der Form als unbedingt nothwendig abgeleitete und ihrem wahren Wesen nach bestimmte Darstellbarkeit über Werth und Bedeutung eines Dramas entscheidet? Hiermit ist nun nicht bloß die naive Seidelmann'sche Behauptung beseitigt, von der ich zunächst ausging, und die eigentlich darauf hinausläuft, daß ein poetisches Nichts, das sich in jeder Façon, die der Künstler ihm aufzudrücken beliebt, noch besser ausnimmt, als in der von Haus aus mitgebrachten, der Willkür des genialen Schauspielers freieren Spielraum verstattet, als das zähe poetische Etwas, an das er sich hingeben muß; sondern es ist damit auch all das übrige Gerede, dessen ich gedachte, auf sein Körnlein Wahrheit reducirt, es ist gezeigt, daß der echte dramatische Darstellungs-Proceß ganz von selbst und ohne nach der Bühne zu blinzeln, alles Geistige verleiblichen, daß er die dualistischen Ideen-Factoren, aus deren Aneinanderprallen der das ganze Kunstwerk entzündende schöpferische Funke hervor springt, zu Characteren verdichten, daß er das innere Ereigniß nach allen seinen Entwickelungsstadien in einer äußeren Geschichte, einer Anecdote, aus einander fallen und diese Anecdote, dem Steigerungs-Gesetz der Form gemäß, zur Spitze auslaufen lassen, also spannend und Interesse erweckend gestalten, und so auch denjenigen Theil der Leser-Zuschauerschaft, der die wahre Handlung gar nicht ahnt, amüsiren und zufrieden stellen wird.

Kann aber, ich darf diese Frage nicht umgehen, die so weit fortgeschrittene Philosophie die große Aufgabe der Zeit nicht allein lösen, und ist der Standpunct der Kunst nicht als ein überwundener oder ein doch zu überwindender zu betrachten? Wenn die Kunst Nichts weiter wäre, als was die Meisten in ihr erblicken, ein träumerisches, hin und wieder durch einen sogenannten ironischen Einfall über sich selbst unterbrochenes Fortspinnen der Erscheinungswelt, eine gleichsam von dem äußeren Theater auf's innere versetzte Gestalten-Komödie, worin die verhüllte Idee nach, wie vor, mit sich selbst Versteckens spielt, so müßte man darauf unbedingt mit Ja antworten, und ihr auflegen, die viertausendjährige Sünde einer angemaßten Existenz mit einem freiwilligen Tode zu büßen, ja selbst die ewige Ruhe nicht als einen, durch ihre erst jetzt überflüssig gewordene Thätigkeit verdienten Lohn, sondern nur als ein ihr aus Rücksicht auf den von ihr der Menschheit in ihren Kinderjahren durch ihre nicht ganz sinnlosen Bilder und Hieroglyphen verschafften nützlichen Zeitvertreib bewilligtes Gnadengeschenk hinzunehmen. Aber die Kunst ist nicht bloß unendlich viel mehr, sie ist etwas ganz Anderes, sie ist die realisirte Philosophie, wie die Welt die realisirte Idee, und eine Philosophie, die nicht mit ihr schließen, die nicht selbst in ihr zur Erscheinung werden, und dadurch den höchsten Beweis ihrer Realität geben will, braucht auch nicht mit der Welt anzufangen, es ist gleichgültig, ob sie das erste oder das letzte Stadium des Lebensprocesses, von dem sie sich ausgeschlossen wähnen muß, wenn sie ohne Darstellung auskommen zu können glaubt, negirt, denn auf die Welt kann sie sich, als auf eine solche Darstellung, nicht zurück beziehen, ohne sich zugleich mit auf die K u n s t zu beziehen, da die Welt eben erst in der Kunst zur Totalität zusammen geht. Eine schöpferische und ursprüngliche Philosophie hat dieß auch noch nie gethan, sie hat immer gewußt, daß sie sich eine Probe, die die von ihr nackt reproducirte Idee selbst sich nicht ersparen konnte, nicht unterschlagen darf, und deshalb in der Kunst niemals einen bloßen Stand-, sondern ihren eigenen Ziel- und Gipfelpunct erblickt; dagegen ist es characteristisch für jede formale, und aus nahe liegenden Gründen auch für die Jüngerschaft jeder anderen, daß sie selbst da, wo sie lebendige Gestalt geworden ist, oder doch werden sollte, nicht aufhören kann, zu zersetzen, und, gleich einem Menschen, der, um sich zu überzeugen, ob er auch Alles das, was, wie er aus der Anthropologie weiß, zum Menschen gehört, wirklich besitze, sich Kopf-, Brust- und Bauchhöhle öffnen wollte, die Spitze aller Erscheinung, in der Geist und Natur sich umarmen, durch einen zugleich barbarischen und selbstmörderischen Act zerstört. Eine solche Philosophie erkennt sich selbst in der höheren Chiffre der Kunst nicht wieder, es kommt ihr schon verdächtig vor, daß sie dieselbe aus der von ihr mit so viel Mühe und Anstrengung zerrissenen Chiffre der Natur zusammengesetzt findet, und sie weiß nicht, woran sie sich halten soll; da stößt sie aber zu ihrem Glück im Kunstwerk auf einzelne Parthieen, die (sollten's unter einem Gemälde auch nur die Unterschriften des Registrators sein!) in der ihr allein geläufigen Ausdrucksweise des Gedankens und der Reflexion abgefaßt sind, weil entweder der Geist des Ganzen dort wirklich nicht zur Form durchdrang, oder weil nur eine, der Form nicht bedürftige, Copula hinzustellen war; die hält sie nun für die Hauptsache, für das Resultat der Darstellung, um das sich das übrige Schnörkelwesen von Figuren und Gestalten ungefähr so herum schlinge, wie auf einem kaufmännischen Wechsel die Arabesken, Merkur und seine Sippschaft, um die reelle Zahl, mit Eifer und Ehrlichkeit reiht sie diese Perlen, Sentenzen und Gnomen genannt, am Faden auf und schätzt sie ab; da das Resultat nun aber natürlich eben so kläglich ausfällt, als wenn man die Philosophie nach ihrem Reichthum an Leben und Gestalt messen wollte, so spricht sie mit voller Ueberzeugung ihr endliches Urtheil dahin aus, daß die Kunst eine kindische Spielerei sei, wobei ja wohl auch, man habe Exempel, zuweilen ein von einem reichen Mann auf der Straße verlornes Goldstück gefunden und wieder in Cours gesetzt werde. Wer diese Schilderung für übertrieben hält, der erinnere sich an Kants famosen Ausspruch in der Anthropologie, wo der Alte vom Berge alles Ernstes erklärt, das poetische Vermögen, von Homer an, beweise Nichts, als eine Unfähigkeit zum reinen Denken, ohne jedoch die sich mit Nothwendigkeit ergebende Consequenz hinzuzufügen, daß auch die Welt in ihrer stammelnden Mannigfaltigkeit Nichts beweise, als die Unfähigkeit Gottes, einen Monolog zu halten. ...

Das bürgerliche Trauerspiel ist in Deutschland in Mißcredit gerathen, und hauptsächlich durch zwei Uebelstände. Vornämlich dadurch, daß man es nicht aus seinen inneren, ihm allein eigenen, Elementen, aus der schroffen Geschlossenheit, womit die aller Dialectik unfähigen Individuen sich in dem beschränktesten Kreis gegenüber stehen, und aus der hieraus entspringenden schrecklichen Gebundenheit des Lebens in der Einseitigkeit aufgebaut, sondern es aus allerlei Aeußerlichkeiten, z. B. aus dem Mangel an Geld bei Ueberfluß an Hunger, vor Allem aber aus dem Zusammenstoßen des dritten Standes mit dem zweiten und ersten in Liebes-Affairen, zusammen geflickt hat. Daraus geht nun unläugbar viel Trauriges, aber nichts Tragisches, hervor, denn das Tragische muß als ein von vorn herein mit Nothwendigkeit Bedingtes, als ein, wie der Tod, mit dem Leben selbst Gesetztes und gar nicht zu Umgehendes, auftreten; sobald man sich mit einem: Hätte er (dreizig Thaler gehabt, dem die gerührte Sentimentalität wohl gar noch ein: wäre er doch zu mir gekommen, ich wohne ja Nr. 32, hinzufügt) oder einem: Wäre sie (ein Fräulein gewesen usw.) helfen kann, wird der Eindruck, der erschüttern soll, trivial, und die Wirkung, wenn sie nicht ganz verpufft, besteht darin, daß die Zuschauer am nächsten Tag mit größerer Bereitwilligkeit, wie sonst, ihre Armensteuer bezahlen oder ihre Töchter nachsichtiger behandeln, dafür haben sich aber die resp. Armen-Vorsteher und Töchter zu bedanken, nicht die dramatische Kunst. Dann auch dadurch, daß unsere Poeten, wenn sie sich einmal zum Volk hernieder ließen, weil ihnen einfiel, daß man doch vielleicht bloß ein Mensch sein dürfe, um ein

Schicksal, und unter Umständen ein ungeheures Schicksal haben zu können, die gemeinen Menschen, mit denen sie sich in solchen verlorenen Stunden befaßten, immer erst durch schöne Reden, die sie ihnen aus ihrem eigenen Schatz vorstreckten, adeln, oder auch durch stöckige Bornirtheit noch unter ihren wirklichen Standpunct in der Welt hinab drücken zu müssen glaubten, so daß ihre Personen uns zum Theil als verwunschene Prinzen und Princessinnen vorkamen, die der Zauberer aus Malice nicht einmal in Drachen und Löwen und andere respectable Notabilitäten der Thierwelt, sondern in schnöde Bäckermädchen und Schneidergesellen verwandelt hatte, zum Theil aber auch als belebte Klötze, an denen es uns schon Wunder nehmen mußte, daß sie Ja und Nein sagen konnten. Dieß war nun, wo möglich, noch schlimmer, es fügte dem Trivialen das Absurde und Lächerliche hinzu, und obendrein auf eine sehr in die Augen fallende Weise, denn Jeder weiß, daß Bürger und Bauern ihre Tropen, deren sie sich eben so gut bedienen, wie die Helden des Salons und der Promenaden, nicht am Sternenhimmel pflücken und nicht aus dem Meer fischen, sondern daß der Handwerker sie sich in seiner Werkstatt, der Pflüger sie hinter seinem Pflug zusammen lies't, und Mancher macht wohl auch die Erfahrung, daß diese simplen Leute sich, wenn auch nicht auf's Conversiren, so doch recht gut auf's lebendige Reden, auf das Mischen und Veranschaulichen ihrer Gedanken, verstehen. Diese beiden Uebelstände machen das Vorurtheil gegen das bürgerliche Trauerspiel begreiflich, aber sie können es nicht rechtfertigen, denn sie fallen augenscheinlich nicht der Gattung, sondern nur den Pfuschern, die in ihr gestümpert haben, zur Last. Es ist an und für sich gleichgültig, ob der Zeiger der Uhr von Gold oder von Messing ist, und es kommt nicht darauf an, ob eine in sich bedeutende, d. h. symbolische, Handlung sich in einer niederen, oder einer gesellschaftlich höheren Sphäre ereignet. Aber freilich, wenn in der heroischen Tragödie die Schwere des Stoffs, das Gewicht der sich unmittelbar daran knüpfenden Reflexionen eher bis auf einen gewissen Grad für die Mängel der tragischen Form entschädigt, so hängt im bürgerlichen Trauerspiel Alles davon ab, ob der Ring der tragischen Form geschlossen, d. h. ob der Punct erreicht wurde, wo uns einestheils nicht mehr die kümmerliche

Theilnahme an dem Einzel-Geschick einer von dem Dichter willkürlich aufgegriffenen Person zugemuthet, sondern dieses in ein allgemein menschliches, wenn auch nur in extremen Fällen so schneidend hervortretendes, aufgelös't wird, und wo uns anderntheils neben dem, von der sogenannten Versöhnung unserer Aesthetici, welche sie in einem in der wahren Tragödie – die es mit dem durchaus Unauflöslichen und nur durch ein unfruchtbares Hinwegdenken des von vorn herein zuzugebenden Factums zu Beseitigenden zu thun hat – unmöglichen, in der auf conventionelle Verwirrungen gebauten aber leicht herbei zu führenden schließlichen Embrassement der Anfangs auf Tod und Leben entzweiten Gegensätze zu erblicken pflegen, auf's Strengste zu unterscheidenden Resultat des Kampfes, zugleich auch die Nothwendigkeit, es gerade auf diesem und keinem andern Wege zu erreichen, entgegen tritt. ...

FRIEDRICH THEODOR VISCHER

Aus: Zum neueren Drama. Hebbel

... Das Mißverhältnis zwischen Stoff und Behandlung ist in der Maria Magdalena überwunden; es ist ein Stück aus unserer Welt, aus unseren Sitten, welches dieser geistreiche Maler moderner Seelenkämpfe hier zu seinem Schauplatze genommen hat. Allerdings macht sich jedoch in anderer Weise ein Mangel an Sittenverständnis geltend; nicht die Kluft zwischen der naiven Sitte uralter Zeiten und moderner Psychologie, wohl aber die Kluft zwischen den Bildungsstufen der Stände ist, während sie doch gerade hier zu den wesentlichen tragischen Hebeln gehört, zu wenig verstanden. Wir werden davon noch reden, wenn wir erst die tendenziöse Absicht, welche der Dichter selbst aus diesem seinem neuesten Produkt zu seinem Nachteil hervorblicken läßt, und welche, setzt man sie einmal voraus, jene Verkennung der Sitten zu einem doppelten Fehler macht, zur Sprache gebracht haben werden; zuerst aber wollen wir uns der großen Tugenden dieses Dramas erfreuen. Es ist ohne Frage ein produktives Werk, ein Werk, das dadurch Epoche macht, daß es dem bürgerlichen Trauerspiel, das an der komödischen Kleinlichkeit seiner Motive und an der grob-sinnlichen Abwägung der tragischen Gerechtigkeit hingesiecht war, einen neuen Geist eingehaucht hat. ...

Zuerst muß ich die künstlerische Technik der dramatischen Bewegung preisen. Sie ist durchaus im wahren und echten Sinne spannend, sie schreitet, jedes Herz packend und schüttelnd, in gemessenem Gange durch die beschleunigenden und retardierenden Momente, gründlich entwickelnd und doch sparsam, knapp, kurz, von der Exposition durch die Verwicklung zur tragischen Katastrophe fort. Insbesondere bedient sich der Dichter eines Mittels, das seine starke Wirkung hier so wenig verfehlt als in der antiken Tragödie: er setzt eine Tatsache als geschehen und motiviert sie, erklärt sie erst allmählich im Verlaufe. Klara ist bereits gefallen, wie sie auftritt; wir erschließen es aus ihrem ersten Gespräche mit Leonhard, wir bekommen einiges Licht, um das unwiderruflich Geschehene begreiflich zu machen, aber noch nicht zur Genüge; erst später in der Szene mit dem Sekretär geben uns ihre abgebrochenen Geständnisse vollen psychologischen Aufschluß. Ebenso erfährt man wie zufällig erst später, warum der Gerichtsdiener so boshaft und rachsüchtig auftritt, Klara erzählt dem (bestohlenen) Kaufmann Wolfram, wie ihn ihr Vater einst beleidigt, und nun erst wissen wir die Worte, die jener bei seinem Eintritt ausstößt, zu deuten. Dieser analytische Gang sichert dem Dichter an festem Bande die volle Teilnahme des Zuschauers; wir stehen wie vor einem Gemälde, wo aus überdeckendem Schleier bedeutende Gestalten noch halbverhüllt hervorsehen, wir können kaum erwarten, bis man uns Schritt vor Schritt das Dunkel von dem Bilde hinwegreibt, und erst der letzte Augenblick des Schauspiels ist es auch, wo alles klar wird. Es handelt sich aber hier nicht um einen bloß technischen Kunstgriff; dieses Rückwärts im Vorwärts ist zugleich geistiger, ethischer Schicksalsgang, und wie das Unglück vorwärts schreitet, wird auch die Schuld klar. Hier waltet kein rohes Schicksal, das die stumpfe Träne grobsinnlichen Mitleids mit mißhandeltem Edelmute erpreßt; alle tragen im Leiden ihre Schuld ab, die Mutter die Schuld ihrer allzu nachsichtigen Liebe gegen den Sohn, der Vater seiner stachlichten, schroffen unzugänglichen Ehrenhaftigkeit; die Tochter ihrer verzweifelten Selbstwegwerfung aus Ungeduld des Herzens, das sich vom Geliebten getäuscht glaubt, der Sohn seiner ungeordneten Sitten, die einem schmählichen Verdachte recht zu geben scheinen, der Sekretär seiner gewaltsamen Tat, wodurch er „sich von einem, der schlechter war als er, so abhängig machte", und Leonhard ohnedies wird hingeschleudert, wie es ihm gehört. Die Organe dieser Handlung aber sind eben so viele Beweise eines Geistes, der in der Charakterzeichnung wahrhaft bedeutend genannt werden muß. ...

S. XLI nun schien mir ein teilweises Licht über jene im engern Sinn moderne Bedeutung des Dramas aufgesteckt zu sein, wo der Verfasser sagt, die innern, ihm allein eigenen Elemente des bürgerlichen Trauerspiels seien die schroffe Geschlossenheit, womit die aller Dialektik unfähigen Individuen sich in dem beschränktesten Kreis gegenüberstehen, und die hieraus entspringende schreckliche Gebundenheit des Lebens in der Einseitigkeit. G a n z scheint mir, sieht man einmal das Trauerspiel auf Tendenz an, damit nicht ausgesprochen zu sein, was der Dichter seiner Zeit poetisch vortragen wollte, es ist wohl eine Andeutung, die absichtlich nicht Alles sagt; nur auf das Schicksal Klaras kann der Wink gehen, es liegt ja aber außerdem das Verhältnis des Vaters zum Sohne Karl vor. Nehme ich dies dazu, so scheint sich mir folgender Gedanke zu ergeben; der bürgerliche Familiengeist soll bewußter, flüssiger, denkender, liberaler werden; in unlösbare tragische Knoten verstrickt er sich, wenn er im düster-strengen Geiste, den er aus dem Mittelalter überkommen hat, die Söhne mit eiserner Strenge zum Berufe und der altertümlich beschränkten Sinnesweise der Väter anhalten will, wenn er bei dem ersten Schatten, der auf die Familienehre fällt, in schroffem Zorne nicht mit sich sprechen läßt, nicht die Geduld, Zugänglichkeit, Leichtigkeit hat, entlastende Aufklärung, Lösung abzuwarten, herbeizuführen, wenn er durch Stolz und Vorurteil diejenigen, die ihm gefährlich werden und die Lage verschlimmern können, noch reizt (wie Anton den Gerichtsdiener); noch furchtbareres Schicksal aber zieht er über seinem Haupt zusammen, wenn er in abstraktem Ehrgefühl keine weibliche Schwäche verzeihen kann, dem gefallenen Kinde nicht Raum, nicht Luft zum Geständnis läßt, wenn er, wo Mitleid, wo Hilfe nötig ist, statt zu fragen: dich drückt etwas, armes Kind, fürchte dich nicht, gestehe es dem Vaterherzen, abschreckend droht, wenn er dadurch jede Ausgleichung, jede weise Vermittlung, jede kluge Verhüllung vorneherein abschneidet. Wäre nun diese Lehre die Absicht des Dichters, oder richtiger, da wir hier die Frage über den Unterschied zwischen der Idee eines Kunstwerks und didaktischer Absicht noch ganz beiseite lassen wollen, soll dies der Inhalt seines Dramas sein, so müßte darin allerlei vorkommen, was teils anders, teils gar nicht vorkommt. Der Sohn Karl müßte auf berechtigte Weise, im Sinne bewußterer Bildung, wie die neuere Zeit auch dem Gewerbsstand solche zuführt, über die Beschränktheit seines Standes hinausstreben, der Vater müßte mit altertümlich-finsterer Strenge diesem Streben sich entgegenstemmen. Allein dies ist ja nicht so; dieser Sohn ist ein von der Mutter verzogenes, freches, lumpiges Bürschchen, dem in guter alter Weise der Farrenschwanz recht sehr zu wünschen wäre. Wollte er, statt in die Kirche zu gehen, ein gutes Buch lesen: wohl, der Vater wäre dann mit seinen altkirchlichen Bedürfnissen gegen ihn zu keiner Härte berechtigt, aber er geht statt zur Kirche zur Kegelbahn, zum Spieltisch, und das wahrlich ist nicht die neue Welt, welche zu verstehen wir dem Vater zuzumuten hätten. Wollte er seinen Stand verlassen und etwa ein Kaufmann, ein höherer Techniker werden, in die weite Welt ziehen, und der Vater versagte es ihm, so wäre dieser im Unrecht; allein er will einen Mord begehen, und dann als Matrose das Weite suchen: dagegen ist ja wahrlich die gute, alte Sitte ebenfalls im vollen Rechte. Was nun das wichtigere Schicksal, das der Tochter, betrifft, so wäre eine moderne Frage über die Bildungs- und Gefühlsweise der Stände dem Zuschauer näher gelegt, wenn etwa Vater (und Mutter) die Tochter mit Strenge von einer Verbindung mit dem Sekretär, weil sie über ihren Stand wäre, abgehalten und zur Verlobung mit Leonhard gezwungen hätten. Zwar sehr bezeichnend für den Zweck der vorausgesetzten Idee wäre dies nicht einmal; denn das könnte doch wohl auch dem Handwerksmann von altem, ehrenfestem Schlage einfallen, sich aus einer Verbindung seiner Tochter über ihren Stand eine Ehre zu machen, und überdies ist ja auch Leonhard kein Handwerker, sondern gehört selbst zum sogenannten Herrenstand. Allein abgesehen davon, der Vater hat sie nicht gezwungen, die Mutter hat ihr nur zugeredet, und zwar, wie es scheint, mehr wegen der größeren Sicherheit der Aussicht; es ist vom Dichter selbst kein Gewicht auf den Punkt gelegt. Nun aber die Hauptsache, die schroffen Drohungen des Vaters, die jedes Geständnis, jede Ausgleichung abschneiden: gut, da sitzt der Hauptknoten, nur finde ich darin nicht ein so modern bezeichnendes, auf einen Wendepunkt der Zeitbindung hinweisendes Moment; erstens nicht in Beziehung auf einen gewissen Stand und eine durch die moderne Zeit demselben als solchem ausdrücklich gestellte Aufgabe: denn ebenso schroff, ebenso untraktabel im Ehrenpunkt wird jeder Vater auftreten, der von herbmännlichem, hausväterlich strengem und polterndem Charakter ist, sei er nun Tischler, Soldat, Edelmann, Geistlicher oder was Anderes. Es gibt allerdings Stände, welche durch ihre geistigere Bildungsweise dem Charakter mehr Elastizität, Flüssigkeit, Ausgleichungsfähigkeit für tragische Verwicklungen geben; ein wissenschaftlich, humanistisch gebildeter Vater wird seine Tochter im schlimmsten Falle nicht durch so schreckende Drohungen zum Äußersten drängen. Solche weichere, traktablere Väterlichkeit fordert auch allerdings die Bildung im Allgemeinen, und da es eine solche für die europäischen Völker im gewissen Sinne erst in der neueren Zeit gibt, so können wir statt Bildung sagen: der moderne Geist. Aber ich kann fürs zweite auch, abgesehen von der besonderen Standesfrage, die allgemeine Hinweisung auf eine solche Forderung der Zeit nicht für etwas so spezifisch Modernes halten; denn doch nicht erst von gestern ist diese Forderung, nicht so ausdrücklich erst jetzt ist sie aufgetreten, daß ein Drama, das da zeigt, wie eine Familie durch strengen und herben Geist der Ehre untergeht, während sie durch mildere Humanität zu retten war, darum so gar fürchterlich modern, so überaus zeitgeschichtlich Epoche machend, umwälzend, messianisch wäre! Nein, dieses Drama ist im Geiste seiner Zeit nur ebenso gedichtet wie jedes gute Drama, und es ist nicht sein Mangel, sondern sein Verdienst, daß es aus moderner Tendenz – bis auf die prickelnden Schlußworte, die ich weit hinwegwünsche – keinen besonderen Lebtag macht. Hebbel ist zu gut zur Tendenz; er ist voll Tendenz im guten Sinne, wenn man das Tendenz nennen darf, daß er ein Inneres, das vom Geist der Gegenwart erfüllt ist, unabsichtlich in die Werke seiner Phantasie niederlegt, er ist zu gut, um ihnen noch zum Überfluß den Hieb der eigentlichen, der absichtlichen Tendenz zu geben. Ihn hat nur das Feuerjo unserer Literatur verführt, daß er in seiner Vorrede uns ausdrücklich sagen zu müssen meint, was sich von jedem echten Gedichte von selbst versteht, auch die seinigen seien Opfer auf dem Altar der Zeit. Aber das reicht hin, ihn redlich zu warnen, daß er auf diesem Weg nicht weiter gehe, denn da liegt die Prätension und statt der Poesie die Rhetorik und die Doktrin. ...

HERMANN HETTNER

Über die neuere Tragödie

In der neuesten Zeit kommen wir hier gradwegs wieder zurück auf die biblischen und teutonischen Stücke Klopstocks. Nicht genug, daß neuerdings auch Alfred Meißner „das Weib des Urias" in Hebbelscher Weise modernisiert hat – ein Herr Franz Hedrich führt uns sogar, wie Byron, ohne freilich Byrons Kraft zu besitzen, in die adamitischen Zeiten von Kains Brudermord! Es ist kaum zu sagen, ob es mehr widerlich oder mehr lächerlich ist, wenn sich diese „vorsündflutlichen" Menschen im modernsten Salonton bewegen.

Hier vor allem bedarf unsere junge dramatische Kunst einer gründlichen Heilung! Wir wollen hoffen, daß der gesunde realistische Sinn der Gegenwart, der uns z. B. auch in der Landschaftsmalerei aus aller hohlen Idealität in die lebendige Naturwirklichkeit hineingeführt hat, endlich einmal auch in der dramatischen Poesie wirksam durchgreife. Hier ist es, wo ich mit Julius Mosen, dessen Ansichten vom historischen Drama ich im Verlaufe dieser Betrachtungen öfters bekämpfte, in freudigster Übereinstimmung zusammentreffe. Mosen nennt das Goethe-Schillersche Drama wegen seiner vorwiegend subjektiven Richtung das „mythische" Drama, und auch er betrachtet es als die erste Bedingung gedeihlichen Fortschritts, daß wir hier mit Strenge wieder den großen tatsächlichen Stil Shakespeares in seine unverjährbaren Rechte einsetzen.

Wir haben so viel über falsche Shakespearomanie zu klagen! Und wie selten erfaßt man noch immer Shakespeare in seinem innersten Kerne! Jeder Narr glaubt seinem tragischen Helden einen Shakespeareschen Narren mit auf den Weg geben zu müssen, und nur Wenige unterscheiden, was in Shakespeare blos der Zeit angehört und darum vergänglich ist, und was die ewig unantastbaren Gesetze in ihm sind, die kein Dichter ungestraft überspringen darf.

Das historische Drama muß durch und durch aus dem eigensten Herzblut der eigenen Zeit herausdichten und dabei doch den Lokalton des geschichtlichen Helden mit Sicherheit treffen. Das ist und bleibt das ewige Gesetz dieser Kunstart. Und erst dann, wenn diese große Aufgabe glücklich gelöst ist, können wir in Wahrheit anfangen, bei uns von einer neuen geschichtlichen Dramatik zu sprechen.

Bis dahin aber, fürchte ich, währt es noch lange Zeit.

GUSTAV FREYTAG

Spiel und Gegenspiel

Das Drama stellt in einer Handlung durch Charaktere, vermittelst Wort, Stimme, Geberde diejenigen Seelenvorgänge dar, welche der Mensch vom Aufleuchten eines Eindrucks bis zu leidenschaftlichem Begehren und zur That durchmacht, sowie die inneren Bewegungen, welche durch eigene und fremde That aufgeregt werden.

Der Bau des Dramas soll diese beiden Gegensätze des Dramatischen zu einer Einheit verbunden zeigen, Ausströmen und Einströmen der Willenskraft, das Werden der That und ihre Reflexe auf die Seele, Satz und Gegensatz, Kampf und Gegenkampf, Steigen und Sinken, Binden und Lösen.

In jeder Stelle des Dramas kommen beide Richtungen des dramatischen Lebens, von denen die eine die andere unablässig fordert, in Spiel und Gegenspiel zur Geltung; aber auch im Ganzen wird die Handlung des Dramas und die Gruppirung seiner Charaktere dadurch zweitheilig. Der Inhalt des Dramas ist immer ein Kampf mit starken Seelenbewegungen, welchen der Held gegen widerstrebende Gewalten führt. Und wie der Held ein starkes Leben in gewisser Einseitigkeit und Befangenheit enthalten muß, so muß auch die gegenspielende Gewalt durch menschliche Vertreter sichtbar gemacht werden.

Es ist zunächst gleichgiltig, auf welcher Seite der Kämpfenden die höhere Berechtigung liegt, ob Spieler oder Gegenspieler mehr von Sitte, Gesetz, Ueberlieferung ihrer Zeit und dem Ethos des Dichters enthalten, in beiden Parteien mag Gutes und Schlechtes, Kraft und Schwäche verschieden gemischt sein. Beide aber müssen einen allgemein verständlichen menschlichen Inhalt haben. Und immer muß der Hauptheld sich vor den Gegenspielern kräftig abheben, der Antheil, welchen er für sich gewinnt, muß der größere sein, um so größer, je vollständiger das letzte Ergebniß des Kampfes ihn als Unterliegenden zeigt.

Diese zwei Haupttheile des Dramas sind durch einen Punkt der Handlung, welcher in der Mitte derselben liegt, fest verbunden. Diese Mitte, der Höhenpunkt des Dramas, ist die wichtigste Stelle des Aufbaues, bis zu ihm steigt, von ihm ab fällt die Handlung. Es ist nun entscheidend für die Beschaffenheit des Dramas, welche von den beiden Brechungen des dramatischen Lichtes in den ersten, und welche in den zweiten Theil als die vorherrschende gesetzt wird, ob das Ausströmen oder Einströmen, das Spiel oder das Gegenspiel den ersten Theil erhält. Beides ist erlaubt, beide Fügungen des Baues vermögen ihre Berechtigung an Dramen von höchstem Werth nachzuweisen. Und diese beiden Arten ein Drama zu bilden sind charakteristisch geworden für die einzelnen Dichter und die Zeit, in welcher sie lebten.

Entweder nämlich wird die Hauptperson, der Held des Stücks, so eingeführt, daß sich Wesen und Eigenthümlichkeit desselben noch unbefangen ausspricht, und zwar bis zu den Momenten, wo als Folge äußerer Anregung oder innerer Gedankenverbindung in ihm der Beginn eines gewaltigen Gefühls oder Wollens wahrnehmbar wird. Die innere Bewegung, die leidenschaftliche Spannung, das Begehren des Helden steigert sich, neue Umstände, fördernd oder hemmend, verstärken seine Befangenheit und den Kampf, siegreich schreitet der Hauptcharakter vor bis zu einer Lebensäußerung, in welcher die volle Kraft eines Gefühls und Wollens sich zu einer „That" zusammendrängt, durch welche die hohe Spannung des Helden für den Augenblick gelöst wird. Von da beginnt eine Umkehr der Handlung; der Held erschien bis dahin in einseitigem aber erfolgreichem Begehren, von innen nach außen wirkend, die Lebensverhältnisse, in denen er auftrat, mit sich verändernd. Von dem Höhenpunkt wirkt das, was er gethan hat, auf ihn selbst zurück und gewinnt Macht über ihn; die Außenwelt, welche im Aufsteigen des leidenschaftlichen Kampfes durch den Helden besiegt wurde, erhebt sich im Kampfe über ihn. Immer stärker und siegreicher wird diese Gegenwirkung, bis sie zuletzt in der Schlußkatastrophe mit unwiderstehlicher Gewalt den Helden unterliegen macht. Auf solche Katastrophe folgt schnell das Ende des Stückes, der Zustand, wo die Wiederherstellung der Ruhe nach dem Kampfe sichtbar wird.

Bei dieser Anordnung sieht man zuerst das Werden der Aktion, dann die Wirkungen der Reaktion; der erste Theil wird bestimmt durch die aus der Tiefe des Helden herausbrechenden Forderungen, der zweite durch die Gegenforderungen, welche die heftig aufgeregte Umgebung erhebt. Dies ist der Bau der Antigone, des Aias, aller großen Tragödien Shakespeare's mit Ausnahme des Othello und Lear, dann der Jungfrau und, weniger sicher, der Doppeltragödie Wallenstein.

Die andere Anordnung des Dramas dagegen stellt den Helden beim Beginn in verhältnißmäßiger Ruhe unter Lebensbedingungen dar, welche fremden Gewalten einen Einfluß auf sein Inneres nahe legen. Diese Gewalten, die Gegenspieler, arbeiten mit gesteigerter Thätigkeit so lange in die Seele des Helden, bis sie denselben auf dem Höhenpunkt in eine verhängnißvolle Befangenheit versetzt haben, von welcher ab der Held in leidenschaftlichem Drange, begehrend, handelnd abwärts bis zur Katastrophe stürzt.

Dieser Bau benutzt die Gegenspieler, um die starke Bewegung der Hauptspieler zu motiviren; das Verhältniß der Hauptfiguren zu der Idee des Dramas ist ein durchaus anderes, sie treiben in der aufsteigenden Handlung nicht, sondern werden getrieben.

Beispiele für diese Art des Baues sind König Oedipus, Othello, Lear, Emilia Galotti, Clavigo, Kabale und Liebe.

Es könnte scheinen, daß diese zweite Methode der Dramenbildung die wirksamere sein müsse. Allmählich, in besonders genauer Ausführung sieht man die Conflikte, durch welche das Leben der Helden gestört wird, das Innere derselben bestimmen.

Gerade da, wo der Zuschauer kräftige Steigerung der Wirkungen fordert, tritt die vorbereitete Herrschaft der Hauptcharaktere ein, Spannung und Theilnahme, die in der zweiten Hälfte des Dramas schwerer zu erhalten sind, bleiben auf die Hauptpersonen festgebannt, der stürmische und unaufhaltsame Fortschritt nach abwärts ist gewaltigen und erschütternden Wirkungen besonders günstig. Und in der That sind Stoffe, in denen das allmähliche Entstehen einer verhängnißvollen Leidenschaft enthalten ist, die den Helden zuletzt dem Untergange zuführt, für solche Behandlung vorzugsweise günstig.

Aber das beste dramatische Recht hat diese Art und Weise des Baues dennoch nicht, und es ist kein Zufall, daß die größten Stücke von solcher Beschaffenheit bei tragischem Ausgang dem Hörer in die Bewegung und Erschütterung leicht eine quälende Empfindung mischen, welche Freude und Erfrischung verringert. Denn sie zeigen den Helden nicht vorzugsweise als thatlustige, angreifende Natur, sondern als einen Empfangenden, Leidenden, der übermächtig bestimmt wird durch das Gegenspiel, das von außen in ihn schlägt. Die höchste Gewalt einer Menschenkraft, das was am unwiderstehlichsten die Herzen der Zuhörer fortreißt, ist zu allen Zeiten der kühne Sinn, der rücksichtslos sein eigenes Innere den Gewalten, welche ihn umgeben, gegenüberstellt. Das Wesen des Dramas ist Kampf und Spannung; je früher diese durch den Haupthelden selbst hervorgerufen und geleitet werden, desto besser.

Es ist wahr, jene erste Bauweise des Dramas birgt eine Gefahr, welche auch durch das Genie nicht in jedem Falle siegreich überwunden wird. Bei ihr ist in der Regel der erste Theil des Dramas, der den Helden in gesteigerter Spannung bis zum Höhenpunkt hinauftreibt, in seinem Erfolge gesichert; aber der zweite Theil, welcher doch die größeren Wirkungen fordert, hängt zumeist von dem Gegenspiel ab, und dies Gegenspiel muß hier in heftigerer Bewegung und in verhältnißmäßig größerer Berechtigung motivirt werden. Das mag die Aufmerksamkeit zerstreuen, anstatt sie zu steigern. Dazu kommt, daß der Held vom Höhenpunkt seines Handelns schwächer erscheinen muß als die gegenwirkenden Gestalten. Auch dadurch mag das Interesse an ihm verringert werden. Doch trotz dieser Schwierigkeit darf der Dichter nicht in Zweifel sein, welcher Anordnung er den Vorzug zu geben hat. Seine Arbeit wird schwerer, es gehört bei solcher Anlage große Kunst dazu, die letzten Akte gut zu machen. Aber Begabung und gutes Glück sollen das überwinden. Und die schönsten Kränze, welche die dramatische Kunst zu geben vermag, sinken auf das gelungene Werk. Allerdings ist der Dichter hierbei von seinem Stoff abhängig, der zuweilen keine Wahl läßt. Deshalb ist eine der ersten Fragen, welche der Dichter an einen lockenden Stoff zu stellen hat, ob derselbe im Spiel oder Gegenspiel aufsteigt.

Es ist belehrend, in dieser Beziehung die großen Dichter zu vergleichen. Von den wenigen Dramen des Sophokles, die uns erhalten sind, gehört die Mehrzahl (4) denen an, wo der Hauptspieler die Führung hat, wie ungünstig auch das Gebiet epischer Stoffe für die freie Selbstbestimmung der Helden war. – Die höchste Kraft und Kunst aber bewährt hier Shakespeare. Er vorzugsweise ist der Dichter der schnell entschlossenen Charaktere, Lebensfeuer und Mark, gedrungene Energie und hochgespannte männliche Kraft seiner Helden treiben gleich nach der Eröffnungsscene die Stücke in schneller Steigerung aufwärts.

In schneidendem Gegensatz zu ihm steht die Neigung der großen deutschen Dichter des vorigen Jahrhunderts. Sie lieben breites Motiviren, sorgfältiges Begründen des Ungewöhnlichen. In mehren ihrer Dramen sieht es aus, als würden ihre Helden ruhig in gemäßigter Stimmung, in unsichern Verhältnissen beharren, wenn man sie nur ließe. Und wie den meisten Heldencharakteren der Deutschen fröhliche Kraft, hartes Selbstvertrauen und schneller Entschluß zur That fehlen, so stehen sie auch in der Handlung unsicher, grübelnd, zweifelnd, mehr durch äußere Verhältnisse als durch rücksichtloses Fordern fortbewegt. Das ist bedeutungsvoll für die Bildung des vorigen Jahrhunderts, für Kultur und Seelenleben eines Volkes, dem das fröhliche Gedeihen, ein öffentliches Leben, Selbstregierung so sehr fehlten. Sogar Schiller, welcher doch heftige Leidenschaften aufzuregen weiß, liebt es, den Gegenspielern im ersten Theil, den Haupthelden erst im zweiten vom Höhenpunkt abwärts die Führung zu geben. So werden in Kabale und Liebe Ferdinand und Luise durch die Intriganten fortgestoßen, erst von der Scene zwischen Ferdinand und dem Präsidenten, nach dem tragischen Moment, übernimmt Ferdinand die Führung bis zum

Ende. Noch schlechter steht der Held Don Carlos zu der Handlung seines Stückes, er wird sowohl in der steigenden als in der fallenden Hälfte bevormundet. In Maria Stuart hat die Heldin allerdings die verhängnißvolle Leitung ihres Schicksals bis zum Höhenpunkt, der Gartenscene, insofern sie die Stimmungen ihrer Gegenspieler beherrscht: der vorwärts treibende Theil sind aber, wie durch den Stoff geboten war, die Intriganten und Elisabeth.

Weit bekannter und doch von geringerer Bedeutung für den Bau des Dramas ist die Unterscheidung der Dramen, welche von der letzten Wendung im Geschick des Helden und von dem Inhalt der Katastrophe hergenommen wird. Die neue Bühne der Deutschen unterscheidet zwei Arten des ernsten Dramas, Trauerspiel und Schauspiel. Die strenge Unterscheidung in diesem Sinne ist auch bei uns nicht alt, sie ist auf den Repertoiren erst seit Iffland durchgeführt. Und wenn man jetzt auf der Bühne zuweilen Lustspiel, Schauspiel und Trauerspiel als drei verschiedene Arten der recitirenden Darstellung einander gegenüberstellt, so ist doch das Schauspiel seinem Wesen nach keine dritte gleichstehende Art des dramatischen Schaffens, sondern eine Unterabtheilung des ernsten Dramas. Die attische Bühne hatte nicht den Namen, aber die Sache. Schon zur Zeit des Aeschylos und Sophokles war ein finsterer Ausgang keineswegs der Tragödie unentbehrlich, von sieben erhaltenen Tragödien des letzteren haben zwei, Aias und Philoktetes, ja in den Augen der Athener auch Oedipus auf Kolonos, einen milden Schluß, welcher das Schicksal des Helden zum Bessern wendet. Selbst bei Euripides, dem die Poetik nachrühmt, daß er düstern Ausgang liebe, sind unter siebzehn erhaltenen Tragödien außer der Allcestis noch vier: Helena, Iphigeneia in Tauris, Andromache, Ion, deren Ende dem unserer Schauspiele entspricht; bei mehren anderen ist der traurige Ausgang zufällig und unmotivirt. Und es scheint, daß die Athener bereits denselben Geschmack hatten, den wir an unsern Zuschauern kennen, sie sahen am liebsten solche Tragödien, welche in unserem Sinn Schauspiele waren, in denen der Held arg durch das Schicksal gezaust wurde, aber zuletzt Haut und Haar gerettet davontrug.

Auf der modernen Bühne ist unleugbar die Berechtigung des Schauspiels noch größer geworden. Edler und freier fassen wir die Menschennatur, wir vermögen reizvoller, wirksamer und genauer innere Kämpfe des Gewissens, entgegenstehende Ueberzeugungen zu schildern. In einer Zeit, in welcher man sogar über Abschaffung der Todesstrafe verhandelt hat, sind die Toten am Ende eines Stückes, so scheint es, leichter zu entbehren; wir trauen in der Wirklichkeit einer starken Menschenkraft zu, daß sie die Pflicht des Lebens sehr hoch halte, auch schwere Missethat nicht durch den Tod, sondern durch ein reineres Leben büße. Aber diese veränderte Auffassung des irdischen Daseins kommt dem Drama nicht nach jeder Richtung zu Gute. Es ist wahr, der tötliche Ausgang ist zumal bei modernen Stoffen weniger Bedürfniß als bei dramatischer Behandlung epischer Sagen oder älterer geschichtlicher Begebenheiten. Aber nicht, daß der Held zuletzt am Leben bleibt, macht ein Stück zum Schauspiel, sondern daß er aus den Kämpfen als Sieger oder durch einen Ausgleich mit seinem Gegensatze versöhnt hervorgeht. Ist er am Ende der unterliegende, muß er gebrochen werden, so behält das Stück nicht nur den Charakter, sondern auch den Namen eines Trauerspiels. Der Prinz von Homburg ist Schauspiel, Tasso eine Tragödie.

Das Drama der Neuzeit hat in den Kreis seiner Stoffe ein weites Gebiet aufgenommen, welches der ältern Tragödie der Griechen, ja in der Hauptsache noch der Kunst Shakespeare's fremd war: das bürgerliche Leben der Gegenwart, die Conflikte unserer Gesellschaft. Kein Zweifel, daß die Kämpfe und Leiden moderner Menschen eine tragische Behandlung möglich machen und daß diese ihnen noch viel zu wenig zu Theil geworden ist; aber das Genrehafte, Zahme und Rücksichtsvolle, welches dieser Gattung von Stoffen in der Regel anhängt, gibt auch der künstlerischen Auffassung völlige Berechtigung, welche gerade hier gern solche Kämpfe vorführt, denen wir im wirklichen Leben eine milde Ausgleichung zutrauen und wünschen. Bei der breiten und volksthümlichen Ausdehnung, welche diese Behandlung gewonnen hat, gilt es zweierlei hervorzuheben. Erstens, daß die Gesetze für Bau des Schauspiels und Leben der Charaktere in der Hauptsache dieselben sind, wie für das Trauerspiel, und daß es für den Schaffenden nützlich ist, diese Gesetze aus dem Drama hohen Stils zu erkennen, wo jeder Verstoß dagegen dem Erfolg des Stückes verhängnißvoll werden mag.

Zweitens aber, daß das Schauspiel, bei welchem eine weichere Ausgleichung der Conflikte im zweiten Theile nothwendig ist, doppelt Ursache hat, in der ersten Hälfte herzhaftes und frisches Begehren seines Helden durch feine Charakterschilderung zu motiviren. Es kommt sonst in Gefahr, zu einem Situationsstück oder Intriguenstück zu werden, im ersten Fall einer behaglichen Schilderung von Zuständen und charakteristischen Eigenthümlichkeiten die kräftige Bewegung einer einheitlichen Handlung zu opfern, im andern Fall über den schnellen Schachzügen einer unruhigen Handlung die Ausbildung der Charaktere zu vernachlässigen. Das erstere ist Neigung der Deutschen, das andere der Romanen; beide Arten der Zurichtung eines Stoffes sind einer würdigen Behandlung ernster Kämpfe ungünstig, sie gehören ihrem Wesen nach der Komödie, nicht dem ernsten Drama an.

WILHELM DILTHEY

Aus: Die Gliederung der Tragödie

... Aus den Gesetzen der dramatischen Handlung, wie sie Aristoteles aufstellte und Freytag zu vervollständigen suchte, ergibt sich die Grundform des Dramas. **Die Handlung verläuft in Spiel und Gegenspiel.** Denn der Held muß ein starkes Leben in sich steigernder Handlung entwickeln; er bedarf einer gegenspielenden Gewalt, welche durch menschliche Vertreter sichtbar gemacht wird. Aber diese gegenspielende Gewalt soll das Interesse für den Helden nicht paralysieren, sondern nur, indem sie ihn in Handlung setzt, ermöglichen. Diese zwei Hauptteile des Dramas – Spiel und Gegenspiel – sind **durch einen Punkt der Handlung, welcher in der Mitte derselben liegt, fest verbunden.** Diese Mitte, der Höhepunkt des Dramas, ist die entscheidende Stelle der Konstruktion; bis zu ihm steigt, von ihm ab fällt die Handlung. Und zwar können sich von dieser entscheidenden Stelle der Konstruktion aus Spiel und Gegenspiel **auf zwiefache Weise verteilen.** Entweder **das Spiel herrscht im ersten Teile vor:** dann steigert sich in diesem die leidenschaftliche Spannung des Helden aus den inneren Impulsen seines Charakters bis zur Tat; von da ab beginnt dann die Umkehr; was er tat, wirkt nun auf ihn zurück; indem er der auf ihn eindringenden Reaktion der Außenwelt allmählich unterliegt, fällt die Leitung der Handlung von der Umkehr ab dem Gegenspiel zu. Oder das Gegenspiel überwiegt im ersten Teil: dann wird der Held von der sich steigernden Tätigkeit ihm gegenüberstehender Gewalten bis zum Höhepunkt fortgetrieben; von der Umkehr ab, die damit beginnt, herrscht dann die Leidenschaft des Helden.

Diese Aufstellung zweier Grundgestalten der dramatischen Form ist eine der seltenen wirklichen ästhetischen Entdeckungen. Obwohl Aristoteles die entscheidende Bedeutung der Peripetie bereits begriffen hat, so gehört doch diese Aufstellung einer doppelten dramatischen Konstruktion von dem Höhepunkt aus Freytag ausschließlich an. Die entscheidende Frage, welche der Dichter hiernach an seinen Stoff zu stellen hat, ist: ob sich in ihm auf die erste oder zweite Weise Spiel und Gegenspiel zur einheitlichen Handlung gliedern lassen. Was die Vorteile des Baues betrifft, so erteilt Freytag der ersten Klasse ohne Frage mit vollkommenem Recht den Preis, wie denn merkwürdigerweise alle großen Tragödien Shakespeares mit Ausnahme des „Othello" und „Lear" ihr angehören. Es ist bedeutungsvoll für die deutsche Bildung des vorigen Jahrhunderts, welcher hartes Selbstvertrauen und schneller Entschluß zur Tat so sehr fehlten, daß bei weitem die meisten Tragödien unserer Poesie der zweiten Klasse angehören; selbst die Helden Schillers werden zumeist mehr durch äußere Verhältnisse als durch rücksichtsloses Fordern fortbewegt.

Indem so die beiden Hälften der Handlung in einem Punkte, dem Höhepunkte, zusammenschießen, erhält das Drama sozusagen einen **pyramidalen Bau**: es steigt von der Einleitung durch die wachsende Wirksamkeit des erregenden Moments bis zum Höhepunkt und fällt von diesem ab bis zur Katastrophe. So treten zwischen die drei ursprünglichen Teile, des Aufsteigens, des Höhepunktes und der Katastrophe, zwei andere, der Steigerung und des Fallens. Diese **fünf Teile** gliedern sich wieder in Szenen und Szenengruppen, nur daß der Höhepunkt gewöhnlich in eine Hauptszene gefaßt ist. Zwischen diese fünf Teile treten sondernd und verbindend drei wichtige szenische Punkte: nämlich zwischen Einleitung und Steigerung das erregende Moment, zwischen Höhepunkt und Umkehr das tragische Moment, als Beginn der Reaktion, zwischen Umkehr endlich und Katastrophe als Hilfsmittel des Baues das Moment der letzten Spannung. So daß also acht Stellen des Dramas zu unterscheiden sind. Und zwar hat eine jede von diesen acht Stellen wiederum nach ihrer Lage in dem Ganzen der dramatischen Struktur ihre besondere Gestaltung.

Es könnte erscheinen, als ob wir durch die Aufstellung solcher Formgesetze einer neuen Herrschaft des Schematismus verfielen, und Freytag ist diesem Schein so wenig aus dem Wege gegangen, daß er sich nicht scheut, durch mathematische Figuren die Struktur der Dramen zu versinnbildlichen, so wie man die Formen von Urteil und Schluß in mathematischen Schematen vorstellt. So wenig, daß er einen bis zu der Anordnung der Szenen gegliederten Typus des vollkommenen Dramas aufstellt. Mit dem Behagen des bühnenerfahrenen Technikers und des scharfen Kopfes legt er diese fein ausgesponnenen Formgedanken dem Publikum vor. Er rechnet darauf, nicht mißverstanden zu werden. Wie der Maler in der Anatomie nicht das Geheimnis der Schönheit begreift, ja mit den strengen normalen Proportionen, die sie aufstellt, mit künstlerischer Freiheit schaltet, so kann kein ins einzelnste durchgeführtes Formgesetz den künstlerischen Geist im Einzelnen leiten wollen. Aber er begreift das Gesetz der Sache, welchem er unbewußt folgt, besser in seinem höheren Recht, wenn aus ihm ein anschaulicher Typus der Form entwickelt wird. So können wir sagen, daß der vollkommene Typus größerer rein lyrischer Gedichte von Goethe darin gefunden sei, daß die Empfindung von einer Situation aus beginnend sich in sich selber vertieft. Aber hiermit ist doch nur eine Aufklärung über den vollkommenen lyrischen Vorgang, nicht ein bindendes Gesetz gegeben. Die Ästhetik, gleichwie die Ethik, hat es nicht mit Naturgesetzen, sondern mit Musterbildern zu tun.

Es ist einer der schönsten Punkte des Freytagschen Buches, wie er die Grundzüge seines Ideals dramatischer Handlung auch an der antiken Tragödie nachweist. Und einige der wesentlichen Vorzüge dieses antiken Dramas haben sich auch der späteren Entwicklung des germanischen in großen Zügen eingeprägt: die Einwirkung desselben auf einheitlichen kunstvollen

Bau und idealen Gehalt der Tragödie ist überall zu empfinden. Aber das dramatische Ideal, wie wir, als Germanen und als Moderne, es verstehen, fand doch seine volle Entwicklung erst bei den Engländern und bei uns, hier daher müssen wir seine weitere Entwicklung aufsuchen. Während bei den Griechen die Handlung in Pathosszenen, Botenszenen, Dialogszenen, in Reden und Verkündigungen offizieller Personen an den Chor verläuft, fand die moderne Bühne weit freiere, mannigfaltigere Formen, weit vielfachere Mittel der Wirkung.

Noch Shakespeare freilich ist von dem Bau seiner Bühne in der Konstruktion seiner Stücke abhängig. Denn da der vordere Spielraum bei ihm keinen Vorhang hatte und daher die Einschnitte im Stück nur durch Pausen bezeichnet werden konnten, so war ihm nicht möglich, in die Mitte einer Situation einzuführen oder dieselbe unvollendet abzubrechen; seine Personen müssen vor dem Auge des Publikums auftreten, bevor sie vor diesem reden, und ebenso wieder abgehen; sogar die Toten müssen am Ende des Stückes in angemessener Weise hinausgetragen werden. Mit diesem Nachteil war freilich ein nicht gering zu achtender Vorteil verknüpft. Da nur die innere Bühne der Szenerie wechselte, der vordere Raum immer derselbe blieb und der Vorhang niemals fiel, so war hier alles beweglicher und leichter, ein rascheres Kommen und Gehen; die größere Zahl der Einschnitte störte weniger, kleine Szenerien wechselten leicht; was bei uns zuweilen als Zersplitterung der Handlung erscheint, war dort leichte Beweglichkeit. Es ist bekannt, wie oft Kenner Shakespeares, Tieck zumal, auf die eigentümlichen Vorzüge dieser Bühneneinrichtung hingewiesen haben.

Das Entscheidende für die Umgestaltung des Baues im nachshakespeareschen Drama war die Einführung des Vorhangs. Mit ihm ergab sich eine bestimmte Teilung der Handlung in Akte. Nunmehr erhielt gewissermaßen jeder einzelne Akt den Charakter einer geschlossenen Handlung: ein kleiner Stimmung gebender Vorschlag, eine kurze Einleitung, ein stärker hervortretender Höhepunkt, ein wirksamer Abschluß wurde für ihn notwendig. Und zugleich wurde es möglich, fünfmal im Stück für Beginn und Ende den Vorteil des fallenden und aufgehenden Vorhangs dazu zu benutzen, mitten in eine Situation einzuführen und mitten in einer Situation zu schließen.

Die Zahl der Akte erhielt bald eine feste Begrenzung, welche die Dichter nur selten und zu ihrem Nachteil verlassen haben. Denn die Fünfzahl derselben liegt in der Natur der dramatischen Handlung selber, wie sie oben dargelegt wurde.

Und wie im Bau der Akte, so läßt sich auch in dem der Szene eine bestimmte innere Form nachweisen. Die verbindenden Szenen freilich erhalten ihre Form durch ihr besonderes Verhältnis zu den ausgeführten, diese aber zeigen eine regelmäßige Architektur. „Ein spannendes Moment muß die ausgeführte Szene einleiten, die Seelenvorgänge in ihr müssen mit einiger Reichlichkeit in wirksamer Steigerung dargestellt werden, das Ergebnis derselben in treffenden Schlägen angedeutet sein; von ihrem Höhenpunkte aus, auf welchem sie reichlich ausgeführt schwebt, muß schnell und kurz der Schluß folgen." Wie das Drama selber, so verläuft die ausgeführte vollendete Szene in fünf Teilen, wenn man sie rein für sich betrachtet. Häufig freilich wird durch die Richtung auf das Folgende dieser pyramidale Bau in den Durchschnitt einer anschlagenden Welle umgeändert.

Es ist, wie wir wohl fühlen, nur ein dürftiges Schema der von Freytag aufgestellten technischen Theorie, was wir dem Leser zu bieten vermögen. Dies Schema könnte ihn leicht zu der Täuschung verleiten, als ob hier dürre, farblose Regeln der Komposition einander drängten. Aber die Fülle der einzelnen geistvollen Bemerkungen, wie sie nur einem solchen dramatischen Dichter und Kenner der Bühne zu Gebote stehen, das unendlich feine Auge für die technischen Mittel und die künstlerischen Schönheiten der gesamten ausgedehnten dramatischen Literatur, wie sie nur die Verbindung jener Übung mit reichem und genauem Wissen gibt, verleihen auch diesen Partien des Buches einen außerordentlichen Reiz. Die wissenschaftlichen Arbeiten Freytags, dies Buch wie die Bilder aus der deutschen Vergangenheit, haben sichtlich in ihrer Entstehungsweise etwas von der Art künstlerischer Produktion. In ihrem allmählichen Wachstum verschlingt sich in die grundlegenden Gedanken eine Fülle von Beobachtungen, Bildern, Erfahrungen, ein Reichtum herzlichen Empfindens. So baut sich ein scheinbar leichtgefügtes, in der Tat kunstvolles Ganzes auf. Und es ist immer der ganze Mann, der aus ihm zu uns redet.

II
KRITIK
DES
DRAMAS

1. ANTIKE

AUGUST WILHELM SCHLEGEL

Über Antigone

Das weibliche Ideal in der *Antigone* ist von großer Strenge, so daß es allein hinreichend wäre, allen den süßlichen Vorstellungen von Griechheit, die neuerdings gang und gebe geworden sind, ein Ende zu machen. Ihr Unwille, da sich Ismene weigert, teil an ihrem kühnen Entschlusse zu nehmen; die Art, wie die über ihre Schwäche reuige Ismene, welche sich anbietet, ihre heldenmütige Schwester nun wenigstens im Tode zu begleiten, von ihr zurückgewiesen wird, grenzt an Härte; ihr Schweigen und ihr Reden gegen den Kreon, wodurch sie ihn reizt, seinen tyrannischen Entschluß zu vollstrecken, zeugen von unerschütterlichem männlichen Mute. Allein der Dichter hat das Geheimnis gefunden, das liebevolle weibliche Gemüt in einer einzigen Zeile zu offenbaren, indem sie dem Kreon auf die Vorstellung, Polynikes sei ja ein Feind des Vaterlandes gewesen, antwortet:

> Nicht mitzuhassen, mitzulieben bin ich da.

Auch hält sie die Ausbrüche ihres Gefühls nur so lange zurück, als dadurch die Festigkeit ihres Entschlusses hätte zweideutig werden können. Wie sie unwiderruflich zum Tode geführt wird, ergießt sie sich in die zartesten und rührendsten Klagen über ihren herben frühzeitigen Tod, und verschmäht es nicht, sie, die sittsame Jungfrau, auch die verlorne Brautfeier und die ungenossenen ehelichen Segnungen zu beweinen. Dagegen verrät sie mit keiner Silbe eine Neigung für den Hämon, ja sie erwähnt diesen liebenswürdigen Jüngling nirgends. Barthelemy versichert zwar das Gegenteil: aber die Zeile, worauf er sich bezieht, gehört nach den besseren Handschriften und dem Zusammenhange der ganzen Stelle der Ismene. Durch die besondere Neigung nach einem solchen Heldenentschlusse, noch an das Leben gefesselt zu werden, wäre Schwäche gewesen; jene allgemeinen Gaben, womit die Götter das Leben schmücken, ohne Wehmut zu verlassen, wäre der frommen Heiligkeit ihres Gemütes nicht gemäß.

Auf den ersten Blick kann der Chor in der *Antigone* schwach scheinen, indem er sich so ohne Widerrede den tyrannischen Befehlen des Kreon fügt und nicht einmal eine Vorstellung zu Gunsten der jungen Heldin versucht. Allein diese muß mit ihrem Entschluß und ihrer Tat ganz allein stehen, um recht verherrlicht zu werden, sie darf nirgends eine Stütze, einen Anhalt finden. Die Unterwürfigkeit des Chores vermehrt auch den Eindruck von der Unwiderstehlichkeit der königlichen Befehle. So müssen selbst seinen letzten Anreden an die Antigone noch schmerzliche Erwähnungen eingemischt sein, damit sie den Kelch der irdischen Leiden ganz austrinke. Weit anders ist der Fall in der *Elektra*, wo der Chor so teilnehmend und aufmunternd für die beiden Hauptpersonen sein mußte, da sich gegen ihre Handlung mächtige sittliche Gefühle auflehnen, wie andre dazu anspornen, statt daß ein solcher innerer Zwist bei der Tat der Antigone gar nicht stattfindet, sondern bloß äußere Schrecknisse sie davon abhalten sollen.

Nach Vollendung der Tat und überstandenem Leiden dafür, bleibt noch die Züchtigung des Übermutes zurück, welche den Untergang der Antigone rächt: nur die Zerstörung der ganzen Familie des Kreon und seine eigene Verzweiflung ist eine würdige Totenfeier für ein so kostbares hingeopfertes Leben. Deswegen muß die vorher nicht erwähnte Gattin des Königs noch ganz gegen das Ende erscheinen, bloß um das Unglück zu hören und sich umzubringen. Dem griechischen Gefühl wäre es unmöglich gewesen, mit dem Untergange der Antigone ohne abbüßende Vergeltung das Gedicht für geschlossen zu halten.

GEORG WILHELM FRIEDRICH HEGEL

Antigone

Der Kreis dieses Inhalts nun, obschon er mannigfaltig partikularisiert werden kann, ist dennoch seiner Natur nach nicht von großem Reichtume. Der Hauptgegensatz, den besonders Sophokles nach Äschylus' Vorgang aufs schönste behandelt hat, ist der des *Staats*, des sittlichen Lebens in seiner geistigen Allgemeinheit, und der *Familie* als der natürlichen Sittlichkeit. Dies sind die reinsten Mächte der tragischen Darstellung, indem die Harmonie dieser Sphären und das einklangsvolle Handeln innerhalb ihrer Wirklichkeit die vollständige Realität des sittlichen Daseins ausmacht. Ich brauche in dieser Rücksicht nur an Äschylus' Sieben vor Theben und mehr noch an die Antigone des Sophokles zu erinnern. Antigone ehrt die Bande des Bluts, die unterirdischen Götter, Kreon allein den Zeus, die waltende Macht des öffentlichen Lebens und Gemeinwohls. Auch in der Iphigenia in Aulis sowie in dem Agamemnon, den Choephoren und Eumeniden des Äschylus und in der Elektra des Sophokles finden wir den ähnlichen Konflikt. Agamemnon opfert als König und Führer des Heers seine Tochter dem Interesse der Griechen und des trojanischen Zuges und zerreißt dadurch das Band der Liebe zur Tochter und Gattin, das Klytämnestra, als Mutter, im tiefsten Herzen bewahrt und rächend dem heimkehrenden Gatten schmählichen Untergang bereitet. Orest, der Sohn und Königssohn, ehrt die Mutter, aber er hat das Recht des Vaters, des Königs zu vertreten und schlägt den Schoß, der ihn geboren.

Dies ist ein für alle Zeiten gültiger Inhalt, dessen Darstellung daher aller nationalen Unterschiedenheit zum Trotz auch unsere menschliche und künstlerische Teilnahme gleich rege erhält. ...

Die vollständigste Art dieser Entwicklung ist dann möglich, wenn die streitenden Individuen, ihrem konkreten Dasein nach, an sich selbst jedes als Totalität auftreten, so daß sie an sich selber in der Gewalt dessen stehn, wogegen sie ankämpfen und daher das verletzen, was sie ihrer eigenen Existenz gemäß ehren sollten. So lebt z. B. Antigone in der Staatsgewalt Kreons; sie selbst ist Königstochter und Braut des Hämon, so daß sie dem Gebot des Fürsten Gehorsam zollen sollte. Doch auch Kreon, der seinerseits Vater und Gatte ist, müßte die Heiligkeit des Bluts respektieren und nicht das befehlen, was dieser Pietät zuwiderläuft. So ist beiden an ihnen selbst das immanent, wogegen sie sich wechselweise erheben, und sie werden an dem selber ergriffen und gebrochen, was zum Kreise ihres eigenen Daseins gehört. Antigone erleidet den Tod, ehe sie sich des bräutlichen Reigens erfreut, aber auch Kreon wird an seinem Sohne und seiner Gattin gestraft, die sich den Tod geben, der eine um Antigones, die andere um Hämons Tod. Von allem Herrlichen der alten und modernen Welt – ich kenne so ziemlich alles, und man soll es und kann es kennen – erscheint mir nach dieser Seite die Antigone als das vortrefflichste, befriedigendste Kunstwerk.

FRIEDRICH HÖLDERLIN

Aus: Anmerkungen zum Oedipus

... Die Darstellung des Tragischen beruht vorzüglich darauf, daß das Ungeheure, wie der Gott und Mensch sich paart, und gränzenlos die Naturmacht und des Menschen Innerstes im Zorn Eins wird, dadurch sich begreift, daß das gränzenlose Einswerden durch gränzenloses Scheiden sich reiniget. Της φυσεως γραμματευς ην τον καλαμον αποβρεχων ευνουν.

Darum der immer widerstreitende Dialog, darum der Chor als Gegensaz gegen diesen. Darum das allzukeusche, allzumechanische und factisch endigende Ineinandergreifen zwischen den verschiedenen Theilen, im Dialog, und zwischen dem Chor und Dialog und den großen Parthien oder Dramaten, welche aus Chor und Dialog bestehen. Alles ist Rede gegen Rede, die sich gegenseitig aufhebt.

So in den Chören des Oedipus das Jammernde und Friedliche und Religiose, die fromme Lüge (wenn ich Wahrsager bin, etc.) und das Mitleid bis zur gänzlichen Erschöpfung gegen einen Dialog, der die Seele eben dieser Hörer zerreißen will, in seiner zornigen Empfindlichkeit; in den Auftritten die schröklichfeierlichen Formen, das Drama wie eines Kezergerichtes, als Sprache für eine Welt, wo unter Pest und Sinnesverwirrung und allgemein entzündetem Wahrsagergeist, in müßiger Zeit, der Gott und der Mensch, damit der Weltlauf keine Lüke hat und **das Gedächtniß der Himmlischen nicht ausgehet, in der allvergessenden Form der Untreue sich mittheilt**, denn göttliche Untreue ist am besten zu behalten.

In solchem Momente vergißt der Mensch sich und den Gott, und kehret, freilich heiliger Weise, wie ein Verräther sich um. – In der äußersten Gränze des Leidens bestehet nemlich nichts mehr, als die Bedingungen der Zeit oder des Raums.

In dieser vergißt sich der Mensch, weil er ganz im Moment ist; der Gott, weil er nichts als Zeit ist; und beides ist untreu, die Zeit, weil sie in solchem Momente sich kategorisch wendet, und Anfang und Ende sich in ihr schlechterdings nicht reimen läßt; der Mensch, weil er in diesem Momente der kategorischen Umkehr folgen muß, hiermit im Folgenden schlechterdings nicht dem Anfänglichen gleichen kann.

So stehet Hämon in der Antigonä. So Oedipus selbst in der Mitte der Tragödie von Oedipus.

THEODOR FONTANE

Aus: Sophokles: König Ödipus

... Eine Tendenz ist da, aber freilich nicht das alte Tragödienrequisit: die *Schuld*. Unsere Dramaturgen haben es mehr und mehr zu einem Fundamentalsatz erhoben, daß es ohne eine solche nicht geht; – die Hinfälligkeit dieses Satzes kann nicht glänzender demonstriert werden als an diesem König Ödipus. In ihm waltet einfach das *Verhängnis*, und so gewiß jene *Willkürstragödie* verwerflich und unertragbar ist, in der sich nichts aus dem Rätselwillen der Götter, sondern alles nur aus dem car tel est notre plaisir eines krausen Dichterkopfs entwickelt, so gewiß ist es andererseits für unsere Empfindung, daß die *große*, die echte, die eigentliche Schicksalstragödie unsere Schuldtragödie an erschütternder Gewalt überragt. Es ist der weitaus größere Stil. In dem Begreiflichen liegt auch immer das Begrenzte, während erst das Unbegreifliche uns mit den Schauern des Ewigen erfaßt. Die Schuldtragödie dient dem Sittlichen, indem sie das Gesetz des Sittlichen in dem sich Vollziehenden proklamiert. So sei es. Aber das Größte und Gewaltigste liegt in diesem tragischen Gange von Ursache und Wirkung *nicht* beschlossen. Das Größte und Gewaltigste liegt darüber *hinaus*. Das unerbittliche Gesetz, das von Uranfang an unsre Schicksale vorgezeichnet hat, das nur Unterwerfung und kein Erbarmen kennt und neben dem unsere „sittliche Weltordnung" wie eine kleinbürgerliche, in Zeitlichkeit befangene Anschauung besteht, dies unerbittliche, unser kleines „Woher" und „Warum", unser ganzes Klügeln mit dem Finger beiseite schiebende Gesetz, *das* ist es, was die Seele am tiefsten fassen muß, nicht dies Zug- und Klippklapp-Spiel von Schuld und Sühne, nicht die alte Leier von „Zahn um Zahn" und nicht die haec fabula docet-Lehre: Wer Blut vergießt, des Blut soll wieder vergossen werden. All dies ist nicht heidnisch und am wenigsten „modern überwunden"; – es war der große Gedanke Calvins, die *Prädestination* als einen Fundamentalsatz mit in das christliche Bekenntnis hinüberzunehmen. Der Chor im König Ödipus aber schließt:

> Drum, dieweil du sterblich, harre, bis sich deinem Auge zeigt
> Jener letzte Tag, und preise keinen selig, eh er nicht
> Überschritt das Ziel des Lebens, jedem Ungemach entflohn –

eine Mahnung, uns nicht selbstgefällig einzulullen und die Hütte unseres Glücks wohl auf *demütigem* Hoffen, aber nicht auf dem Glauben an unsere Schuldlosigkeit aufzubauen.

Das Stück ging in einer Übersetzung Adolf Wilbrandts in Szene. Dieselbe schien sich durch Leichtverständlichkeit und eine moderne Diktion auszuzeichnen, was wir, da die dramatischen Ansprüche andere sind als die philologischen und selbst als die lyrisch-poetischen, nur begrüßen können. Ebenso schien uns die Teilung des Stücks in eine längere und kürzere Hälfte praktisch-richtig empfunden und an der passendsten Stelle ausgeführt zu sein. Bedenken haben wir nur gegen die Weglassung oder die *Umgestaltung* des Chors. Es mag eine Zeit gegeben haben, wo dies eigentümlich rezitatorische Element durchaus fremdartig auf uns wirkte, diese Epoche aber liegt jetzt hinter uns, und es treten nunmehr Momente ein, wo wir den Chor, wenn er nicht erscheint, geradezu vermissen. So beispielsweise in der Szene, wo Teiresias, nach Ankündigung nahen und furchtbaren Unheils, mit den Worten:

> ... Und wirst du finden, daß ich log,
> Dann nenne mich unwissend in der Seherkunst

den erbangenden Ödipus verläßt. Hier erwartet man das Einfallen einer *klanggetragenen* lyrischen Strophe. Das einfache Wort des Bürgers, das statt dessen folgt, wirkt verhältnismäßig nüchtern. Wir geben dem Bearbeiter wie unserer Bühne anheim, ob nicht der Chor wieder herzustellen und die Wirkung des Stückes, wie wir nicht bezweifeln, dadurch zu steigern wäre. ...

2. CALDERON

AUGUST WILHELM SCHLEGEL

Über Calderon

Auch diejenigen Schauspiele Calderons in modernen Sitten, die am meisten zum Ton des gemeinen Lebens herabsteigen, fesseln durch irgendeinen phantastischen Zauber und können nicht ganz für Lustspiele im gewöhnlichen Sinne des Wortes gelten. Wir haben gesehen, daß die sogenannten Lustspiele Shakespeares immer aus zwei fremdartigen Teilen zusammengesetzt sind, dem komischen, welcher in englischen Sitten gehalten ist, weil die komische Nachahmung örtliche Bestimmtheit fordert, und dem romantischen, auf irgendeinen südlichen Schauplatz hinaus verlegten, weil der einheimische Boden nicht dichterisch genug dazu war. In Spanien hingegen konnte das damalige nationale Kostüm noch von der idealen Seite gefaßt werden. Freilich wäre es nicht möglich gewesen, wenn Calderon uns in das Innere des häuslichen Lebens eingeführt hätte, wo Bedürfnis und Gewöhnung meistens alles zur alltäglichen Beschränktheit herabstimmt. Seine Lustspiele endigen, wie die der Alten, mit Heiraten; aber wie verschieden ist das, was ihnen vorhergeht! Dort werden zur Befriedigung sinnlicher Leidenschaften und selbstischer Absichten oft sehr unsittliche Mittel in Bewegung gesetzt, die Menschen stehen mit ihren Geisteskräften als bloß physische Wesen gegeneinander und suchen sich ihre Schwächen abzulauschen. Hier herrscht zuvörderst eine brennende Leidenschaftlichkeit, die immer ihren Gegenstand adelt, weil sie über alles Verhältnis mit irgendeinem sinnlichen Genusse hinausgeht. Calderon stellt uns seine Hauptpersonen von beiden Geschlechtern zwar meistens in den ersten Aufwallungen der Jugend und im noch zuversichtlichen Ehrgeiz des Lebengenusses dar, aber das Ziel nach dem sie ringen, bei dessen Verfolgung sie alles Übrige in die Schanze schlagen, ist in ihrer Gesinnung mit keinem andern

Gute vertauschbar. Ehre, Liebe und Eifersucht sind durchgängig die Triebfedern; aus ihrem gewagten, aber edlen Spiele geht die Verwicklung hervor und wird nicht durch schelmenhaften Betrug geflissentlich angezettelt. Die Ehre ist immer ein ideales Prinzip, denn sie beruht, wie ich anderswo gezeigt habe, auf jener höheren Sittenlehre, welche Grundsätze heiligt, ohne Rücksicht auf den Erfolg. Sie kann zur bloß geselligen Übereinkunft in gewissen Meinungen oder Vorurteilen herabsinken, zu einer Waffe der Eitelkeit; aber in jeder Entstellung wird man noch das Schattenbild einer erhabnen Idee darin erkennen. Wie Calderon die zarte Reizbarkeit des Ehrgefühls schildert, weiß ich kein treffenderes Sinnbild dafür als die fabelhafte Sage vom Hermelin, einem Tierchen, das so sehr auf die Weiße seines Felles halten soll, daß es lieber, als sie zu beflecken, von den Jägern verfolgt, sich dem Tode überliefert. Dies Ehrgefühl ist in den weiblichen Charakteren Calderons ebenso mächtig, es beherrscht die Liebe, die nur neben, nicht über ihm stattfinden darf. Die Ehre der Frauen besteht nach der geschilderten Sinnesart darin, nur einen Mann von ganz unbefleckter Ehre lieben zu können und mit völliger Reinheit zu lieben, keine irgend zweideutige Huldigung zu dulden, die der strengsten weiblichen Würde zu nahe tritt. Die Liebe fordert unverbrüchliches Geheimnis, bis eine gesetzliche Verbindung sie öffentlich zu erklären erlaubt. Schon dies sichert sie vor der vergiftenden Beimischung der Eitelkeit, welche sich mit Ansprüchen oder zugestandnem Vorzug brüstet; sie erscheint dadurch als ein geheimes und um so heiliger gehaltnes Gelübde. Zwar ist in dieser Sittenlehre, der Liebe zu gefallen, List und Verstellung erlaubt, was sonst die Ehre verbietet; aber es werden dennoch in der Kollision mit andern Pflichten, z. B. mit denen der Freundschaft, die feinsten Rücksichten beobachtet. Die immer rege, oft furchtbar ausbrechende Gewalt der Eifersucht, nicht wie die der Morgenländer auf den Besitz, sondern auf die leisesten Regungen des Herzens und auf die unmerklichsten Äußerungen derselben, adelt die Liebe, weil dieses Gefühl, sobald es nicht ganz ausschließend ist, unter sich selbst herabsinkt. Oft löst sich die Verwirrung, welche der Zusammenstoß dieser insgesamt geistigen Triebfedern gestiftet, in Nichts auf, und dann ist die Katastrophe wahrhaft komisch; zuweilen nimmt es aber auch eine tragische Wendung, und dann wird die Ehre ein feindseliges Schicksal für den, welcher ihr nicht Genüge leisten kann, ohne sein eignes Glück zu vernichten oder sogar ein Verbrecher zu werden.

Dies ist der höhere Geist der Schauspiele, welche von den Ausländern Intrigenstücke genannt werden; im Spanischen heißen sie von der Tracht, worin man sie spielt, Lustspiele im Mantel und Degen, *Comedias de capa y espada*. Gewöhnlich haben sie keinen andern burlesken Teil als die Rolle des lustigen Bedienten, der unter dem Namen des *Gracioso* bekannt ist. Dieser dient meistens bloß dazu, die idealen Triebfedern, wonach sein Herr handelt, zu parodieren, welches er oft auf die zierlichste und geistreichste Weise tut. Selten wird er als wirksamer Hebel gebraucht, um durch seine Listen die Verwicklung zu stiften, in welcher man mehr den Witz des Zufalls bewundert. Andre Stücke heißen *Comedias de figuron*, die übrigen Bestandteile sind gewöhnlich dieselben, nur ragt in der Zusammensetzung irgendeine in Karikatur gezeichnete Figur hervor. Manchen Schauspielen Calderons kann man den Namen Charakterstück nicht versagen, wiewohl man die feinste Charakteristik nicht von Dichtern einer Nation erwarten muß, welcher rege Leidenschaftlichkeit und schwärmende Phantasie zu den Tücken der lauschenden Beobachtung weder Muße noch Kaltblütigkeit genug lassen.

Eine andre Gattung seiner Stücke nennt Calderon selbst Festspiele, *Fiestas*. Sie waren zur Aufführung am Hofe bei feierlichen Gelegenheiten bestimmt; und wiewohl es dabei auf theatralischen Pomp, durch häufigen Dekorationswechsel und sichtbar vorgehende Wunder angelegt ist, auch häufig Musik eingeführt wird, so könnte man sie doch poetische Opern nennen, d.h. Schauspiele, die durch den bloßen Glanz der Poesie das leisten, was in der Oper erst durch die Ausschmückungen der Maschinerie, der Musik und des Tanzes erreicht werden soll. Hier überläßt sich der Dichter ganz den gewagtesten Flügen seiner Phantasie, und seine Darstellung berührt kaum noch die Erde.

Sein Gemüt aber spricht sich am meisten in der Behandlung der religiösen Gegenstände aus. Die Liebe schildert er nur mit allgemeinen Zügen, er redet ihre dichterische Kunstsprache. Die Religion ist seine eigentliche Liebe, das Herz seines Herzens.

Nur für sie erregt er die erschütterndsten bis in die innerste Seele dringenden Rührungen. Bei bloß weltlichen Begebenheiten scheint er dies vielmehr nicht gewollt zu haben. Sie sind ihm, wie trübe sie auch an sich sein mögen, schon durch die religiöse Ansicht bis zur Klarheit aufgehellt. Dieser Glückselige hat sich aus der labyrinthischen Wildnis der Zweifel in die Burgfreiheit des Glaubens gerettet, von wo aus er die Stürme des Weltlaufs mit ungestörter Seelenruhe ansieht und schildert; ihm ist das menschliche Dasein kein düstres Rätsel mehr. Selbst seine Tränen, wie die im Sonnenglanz blitzenden Tautropfen an eine Blume, spiegeln den Himmel in sich ab. Seine Poesie, was auch scheinbar ihr Gegenstand sein möge, ist ein unermüdlicher Jubelhymnus auf die Herrlichkeiten der Schöpfung; darum feiert er mit immer neuem freudigem Erstaunen die Erzeugnisse der Natur und der menschlichen Kunst, als erblickte er sie eben zum ersten Male in noch unabgenutzter Festpracht. Es ist Adams erstes Erwachen, gepaart mit einer Beredsamkeit und Gewandtheit des Ausdrucks, mit einer Durchdringung der geheimsten Naturbeziehungen, wie nur hohe Geistesbildung und reife Beschaulichkeit sie verschaffen kann. Wenn er das Entfernteste, das Größte und Kleinste, Sterne und Blumen zusammenstellt, so ist der Sinn aller seiner Metaphern der gegenseitige Zug der erschaffnen Dinge zueinander wegen ihres gemeinschaftlichen Ursprungs, und diese entzückende Harmonie und Eintracht des Weltalls ist ihm wieder nur ein Widerschein der ewigen alles umfassenden Liebe.

Calderon blühte noch, als man sich in andern Ländern Europas schon stark zu dem manierierten Geschmack in den Künsten und zu den prosaischen Ansichten in der Literatur neigte, die im achtzehnten Jahrhundert so allgemein einrissen. Er ist folglich als der letzte Gipfel der romantischen Poesie zu betrachten. Es ist in seinen Werken alle Pracht derselben verschwendet, so wie man bei einem Feuerwerke die buntesten Farben, die glänzendsten Lichter und wunderlichen Figuren der feurigen Springbrunnen und Kreise für eine letzte Explosion aufzusparen pflegt.

JOHANN WOLFGANG VON GOETHE

Die Tochter der Luft

> De nugis hominum seria veritas
> Uno volvitur assere. [Jakob Balde]

Und gewiß, wenn irgendein Verlauf menschlicher Torheiten hohen Stils über Theaterbretter hervorgeführt werden sollte, so möchte genanntes Drama wohl den Preis davontragen.

Zwar lassen wir uns oft von den Vorzügen eines Kunstwerks dergestalt hinreißen, daß wir das letzte Vortreffliche, was uns entgegentritt, für das Allerbeste halten und erklären; doch kann dies niemals zum Schaden gereichen: denn wir betrachten ein solches Erzeugnis liebevoll um desto näher und suchen seine Verdienste zu entwickeln, damit unser Urteil gerechtfertigt werde. Deshalb nehme ich auch keinen Anstand zu bekennen, daß ich in der Tochter der Luft mehr als jemals Calderons großes Talent bewundert, seinen hohen Geist und klaren Verstand verehrt habe. Hiebei darf man denn nicht verkennen, daß der Gegenstand vorzüglicher ist als ein anderer seiner Stücke, indem die Fabel sich ganz rein menschlich erweist, und ihr nicht mehr Dämonisches zugeteilt ist, als nötig war, damit das Außerordentliche, Überschwengliche des Menschlichen sich desto leichter entfalte und bewege. Anfang und Ende nur sind wunderbar, alles übrige läuft seinen natürlichen Weg fort.

Was nun von diesem Stücke zu sagen wäre, gilt von allen unseres Dichters. Eigentliche Naturanschauung verleiht er keineswegs; er ist vielmehr durchaus theatralisch, ja bretterhaft; was wir Illusion heißen, besonders eine solche die Rührung erregt, davon treffen wir keine Spur; der Plan liegt klar vor dem Verstand, die Szenen folgen notwendig, mit einer Art von Ballettschritt, welche kunstgemäß wohltut und auf die Technik unserer neuesten komischen Oper hindeutet; die innern Hauptmotive sind immer dieselben: Widerstreit der Pflichten, Leidenschaften, Bedingnisse, aus dem Gegensatz der Charaktere, aus den jedesmaligen Verhältnissen abgeleitet.

Die Haupthandlung geht ihren großen poetischen Gang, die Zwischenszenen, welche menuettartig in zierlichen Figuren sich bewegen, sind rhetorisch, dialektisch, sophistisch. Alle Elemente der Menschheit werden erschöpft, und so fehlt auch zuletzt der Narr nicht, dessen hausbackener Verstand, wenn irgendeine Täuschung auf Anteil und Neigung Anspruch machen sollte, sie alsobald, wo nicht gar schon im voraus, zu zerstören droht.

Nun gesteht man bei einigem Nachdenken, daß menschliche Zustände, Gefühle, Ereignisse in ursprünglicher Natürlichkeit sich nicht in dieser Art aufs Theater bringen lassen, sie müssen schon verarbeitet, zubereitet, sublimiert sein; und so finden wir sie auch hier: der Dichter steht an der Schwelle der Überkultur, er gibt eine Quintessenz der Menschheit.

Shakespeare reicht uns im Gegenteil die volle reife Traube vom Stock; wir mögen sie nun beliebig Beere für Beere genießen, sie auspressen, keltern, als Most, als gegornen Wein kosten oder schlürfen, auf jede Weise sind wir erquickt. Bei Calderon dagegen ist dem Zuschauer, dessen Wahl und Wollen nichts überlassen; wir empfangen abgezogenen, höchst rektifizierten Weingeist, mit manchen Spezereien geschärft, mit Süßigkeiten gemildert; wir müssen den Trank einnehmen wie er ist, als schmackhaftes köstliches Reizmittel, oder ihn abweisen.

Warum wir aber die Tochter der Luft so gar hoch stellen dürfen, ist schon angedeutet: sie wird begünstigt durch den vorzüglichen Gegenstand. Denn leider! sieht man in mehreren Stücken Calderons den hoch- und freisinnigen Mann genötigt, düsterem Wahn zu frönen und dem Unverstand eine Kunstvernunft zu verleihen, weshalb wir denn mit dem Dichter selbst in widerwärtigen Zwiespalt geraten, da der Stoff beleidigt, indes die Behandlung entzückt; wie dies der Fall mit der Andacht zum Kreuze, der Aurora von Copacabana gar wohl sein möchte.

Bei dieser Gelegenheit bekennen wir öffentlich, was wir schon oft im stillen ausgesprochen: es sei für den größten Lebensvorteil, welchen Shakespeare genoß, zu achten, daß er als Protestant geboren und erzogen worden. Überall erscheint er als Mensch, mit Menschlichem vollkommen vertraut, Wahn und Aberglauben sieht er unter sich und spielt nur damit, außerirdische Wesen nötigt er, seinem Unternehmen zu dienen; tragische Gespenster, possenhafte Kobolde beruft er zu seinem Zwecke, in welchem sich zuletzt alles reinigt, ohne daß der Dichter jemals die Verlegenheit fühlte, das Absurde vergöttern zu müssen, der allertraurigste Fall, in welchen der seiner Vernunft sich bewußte Mensch geraten kann.

Wir kehren zur Tochter der Luft zurück und fügen noch hinzu: Wenn wir uns nun in einen so abgelegenen Zustand, ohne das Lokale zu kennen, ohne die Sprache zu verstehen, unmittelbar versetzen, in eine fremde Literatur, ohne vorläufige historische Untersuchungen bequem hineinblicken, uns den Geschmack einer gewissen Zeit, Sinn und Geist eines Volks an einem Beispiel vergegenwärtigen können, wem sind wir dafür Dank schuldig? Doch wohl dem Übersetzer, der lebenslänglich sein Talent, fleißig bemüht, für uns verwendet hat. Diesen herzlichen Dank wollen wir Herrn Dr. Gries diesmal schuldig darbringen; er verleiht uns eine Gabe, deren Wert überschwenglich ist, eine Gabe, bei der man sich aller Vergleichung gern enthält, weil sie uns durch Klarheit alsobald anzieht, durch Anmut gewinnt und durch vollkommene Übereinstimmung aller Teile uns überzeugt, daß es nicht anders hätte sein können noch sollen.

Dergleichen Vorzüge mögen erst vom Alter vollkommen geschätzt werden, wo man mit Bequemlichkeit ein treffliches Dargebotene genießen will, dahingegen die Jugend, mitstrebend, mit- und fortarbeitend, nicht immer ein Verdienst anerkennt, was sie selbst zu erreichen hofft.

Heil also dem Übersetzer, der seine Kräfte auf einen Punkt konzentrierte, in einer einzigen Richtung sich bewegte, damit wir tausendfältig genießen können.

KARL IMMERMANN

Calderons „Die Tochter der Luft"

Goethe sagt in einem sehr lesenswerthen Aufsatze über Shakespeare und Calderon,* der Britte reiche uns die volle Traube vom Stocke, der Spanier dagegen das abgezogene, höchst raffinirte Getränk. So weit bin ich mit ihm einverstanden, sofern ich noch hinzusetzen darf: Für die Form unserer modernen Bühne paßt das abgezogene Getränk besser, als die ungekelterte Traube.

---

* Vgl. diesen Textband S. 96ff., besonders S. 97. (Anm. d. Hrsg.).

Wenn er aber von der „Tochter der Luft" behauptet, der Stoff derselben sei zum Entzücken, die Behandlung aber absurd, so kann ich in diesem Satze keinen Sinn, wenigstens keine Wahrheit finden.

Stoff und Behandlung sind wol bei keinem Dichter zu trennen, da die Behandlung nur der Ausdruck für die Anschauung ist, welche der Dichter vom Stoffe hatte und in welche wir eingehen müssen, wenn wir überhaupt vom Stoffe reden wollen. Am Wenigsten aber läßt sich eine solche Trennung bei Calderon's Werken durchführen, da sein formgebender Geist immer mit einer solchen Gewalt jedem Sujet von vorn herein sein eigenthümliches Gepräge aufdrückt, daß Alles, was wir etwa sonst noch aus andern Standpunkten über den Gegenstand wissen, vergessen werden muß, soll uns eine Vorstellung von demselben bleiben.

Nun ist es wahr: In der „Tochter der Luft" sind gar manche Seltsamkeiten aufgehäuft; – um einen Gegenstand des grauesten Alterthums lagern sich die sonderbarsten, künstlichsten Intriguen, – die Emphase der Schilderungen und Erzählungen geht ins Ungeheuerliche, – das modernste Komische begleitet das ganze weitschichtige Gedicht hindurch die mythische Handlung; aber es läßt sich behaupten, daß diese Dinge, welche in allen Stücken von Calderon vorkommen, gerade in diesem durch den Stoff am Meisten geboten und deshalb auch hier zu der relativ größten Harmonie verschmolzen erscheinen möchten.

Denn eine Wunderfabel hat er behandelt, und den Mittelpunkt derselben bildet ein Charakter, mit dem die Vorstellung das Abenteuerlichste und Fremdeste verknüpft. Ist aber in diesem Gebiete des Excentrischen noch eine Steigerung möglich, so wird sie durch die Scene der Handlung hervorgebracht. Zu Ninive und Babylon geht sie vor, – an Orten, wo die Einbildungskraft ihr ausschweifendstes Fest feiert. Gerade einem solchen Stoffe sind also tolle Willkürlichkeiten, grelle Contraste, auffallende Verwickelungen gemäß. Und wenn wir die beiden Stücke genauer ansehen, so werden wir finden, daß Calderon sich in diesem Elemente zu mäßigen verstanden, das Barocke mit Bescheidenheit zu behandeln gewußt habe.

Der Gedanke des Werks ist von ausnehmender Schönheit. Ein halbgöttliches Nymphenkind, zweier Göttinnen Gegenstand der Liebe und des Hasses, wird dem Auge der Welt entzogen, die grausen Vorbedeutungen zu vereiteln, welche entsetzliche Gräuel durch dieses Wesen und seinen eigenen schmählichen Fall von der Höhe herab angekündigt haben. Aber dem Geschicke ist sein Wille nicht zu beugen. Krieg und Sieg führen Könige und Feldherren in die Nähe der Höhle, welche „das göttliche Ungeheuer" verbirgt. Ein ruhmgekränzter Feldherr entdeckt das wunderbare Weib und zieht es, von seinem mächtigen Reize getroffen, unabgeschreckt von Warnungsstimmen, aus dem Dunkel hervor.

Aber auf dieser Stufe zu verharren, ist ihr nicht bestimmt. Ihre heimlichen Gedanken greifen weit über diesen Zustand, so glücklich er im Vergleich mit ihrer früheren Lage ist, hinaus. Aus dem Munde der Einfalt tönt ihr durch Zufall wieder ihr Schicksal entgegen, das nun beginnt in Erfüllung zu gehen. Sie wird die Retterin des Königs auf der Jagd, und blitzschnell herrscht sie auch in seinem Busen. Es entspinnt sich um ihren Besitz ein ungleicher Kampf zwischen dem Könige und dem Feldherrn, der mit dessen tiefstem Elende, mit seiner Blendung endiget. S e m i r a m i s selbst entscheidet sich nach einigen leichten Kämpfen für den Herrscher und straft so den Feldherrn für seine eigene Untreue gegen eine Andere. Calderon hat hier mit großer Feinheit durch die sonderbaren Täuschescenen zwischen Semiramis und M e n o n, während die Prinzessin und der König, auf deren Befehl sie gespielt werden, im Verstecke lauschen, dafür gesorgt, daß der Uebergang in der Entschließung der Semiramis nicht gar zu abstoßend erscheine. Ebenso weiß er sie durch ihr Verhalten gegen den König menschlich zu adeln. Sie will eher den Tod leiden, als ihm anders denn als Gattin angehören. Das Wunder ist nun an N i n u s' Seite auf dem scheinbar höchsten Gipfel des Glücks. Aber wie sie die Pracht Ninive's nicht in Erstaunen setzte, so lassen hingeworfene Worte ahnen, daß sie nicht stehen bleiben werde, wo sie sich befindet. Der geblendete Menon spricht unwillkürlich den Fluch über ihr Haupt, und des Himmels Donner bekräftigen seine Verwünschung.

Hat in diesem ersten Theile Fabel und Führung des Hauptcharakters eine gewisse Verwandtschaft mit dem „Leben ein Traum", so scheidet sich von nun an die Auffassung gänzlich.

Dort siegt der freie Wille des christlichen Helden über die Deutung des Orakelspruches durch menschliche Afterweisheit, und wenn gleich die Vorausbestimmung erfüllt werden muß, so geschieht diese Erfüllung doch in höherer, milderer Weise, als Jemand ahnete; in unserem Stücke ist es dagegen ein Fatum, welches die Heiden mit unbeugsamer Grausamkeit an das von ihm gesteckte Ziel stößt, um seinen Geboten buchstäblichen Gehorsam zu erzwingen.

Das dämonische Naturwesen hat seinen Weg, unabgeschreckt von Verbrechen, siegreich fortgesetzt. Sie bemächtigte sich aller Zügel der Herrschaft; dann ließ sie das einzige Hinderniß ihrer offenen, anerkannten Machtgröße, ihren Gemahl ermorden, ihren Sohn N i n y a s, der ihr blödes, verzagtes Gegenstück ist, einsperren, und so erblicken wir sie denn in der Fülle ihrer Herrlichkeit. Nichts gönnt sie von Ruhm ihrem Gemahle. Eifersüchtig wird

> „– – Babylon, die große
> Von ihr gegründet in des Orients Schooße;
> Und um den Vorzug ringend
> Mit Ninive, so kühn gen Himmel dringend,
> Ein Staunen allem Volke,
> Daß sie als Bau beginnt, aufhört als Wolke."

Die Verbrechen, welche sie beging, haben ihr Kriegsverwickelungen zugezogen. Nun beginnt eine Scenenfolge, die an Kühnheit, Pracht und Glanz nicht ihres Gleichen hat. Ungeschreckt von dem Feinde, der Babylon belagert, macht sie Toilette und läßt sich Lieder vorsingen, vernimmt die Anträge des Feindes, welche erniedrigend sind, geht,

> „Halbgeordnet ihre Locken,"

zur Schlacht, erficht den Sieg und kehrt vom Wahlplatze zum Toilettentische zurück,

> „Um den Anputz zu vollenden,"

um die unterbrochenen Lieder weiter singen zu lassen.

Aber auf dieser schwindlichten Höhe der Genialität beginnt ihr Unglück. Sie hat es selbst herausgefordert. Uebermüthig, daß er ihr zum Abstich diene, daß alle Welt seine Unfähigkeit erkenne, hat sie Ninyas aus seinem Versteck hervorholen lassen.

Nun zeigt sich die treulose Natur der menschlichen Dinge, die Stumpfheit des Volkes für alles Höchste, Größte, als rächendes Geschick. Ungeachtet ihre wunderbare Königin Stadt und Volk so eben erst vom Untergange gerettet hat, sind sie ihrer müde geworden und rufen den Ninyas zum König aus.

In einer erhabenen Entrüstung zieht sich die Gekränkte zurück, überläßt dem schwachen Sohne die Herrschaft, vergräbt sich in die geheimsten Gemächer der Königsburg und nimmt so Rache an dem Volke. Denn sie ruft, die Rache sei,

> „Daß, weil ihr mich nicht verdient,
> Ihr mich nun verliert!" –

Ninyas tritt als König in die Handlung ein. Sein Regiment ist milde, in d e m Sinne verfahrend, den die Menge liebt, weil Jeder davon seinen Vortheil hofft. Den Feind, den seine Mutter als Hund an des Palastes Pforte hat anketten lassen, giebt er frei; die ihm zur Thronbesteigung geholfen, werden belohnt; der Günstling seiner Mutter fällt in Ungnade. Dieser, der decidirteste Charakter im Werke nach Semiramis, der Admiral P h r y x u s, ist der Bruder vom Befehlshaber zu Lande, C y o m s, eben dem, der sich zuerst am Entschiedensten für Ninyas erklärte. Aus diesem Verhältnisse ergiebt sich eine sehr sinnreiche Gruppe um Ninyas und Semiramis, in welcher die beiden Brüder immer wechselsweise steigen und fallen.

S e m i r a m i s, in ihrer Verborgenheit, unfähig ihre Erniedrigung zu ertragen, hat unterdessen das kühnste Wagestück ausgesonnen, um wieder zu Thron und Reich zu gelangen. Ninyas ist ihr so gleich an Gesicht und Körperbildung, wie er ihr unähnlich an Geistes- und Gemüthsart ist. Sie beschließt, unter seiner Gestalt künftig einherzugehen und als Ninyas zu herrschen. Phryxus wird von ihr ins Vertrauen gezogen und verspricht, von ihr und für sie begeistert, die thätigste Beihilfe. In der Nacht schleichen sie in das Schlafzimmer des Ninyas, rauben ihn hinweg, verbergen ihn in einem abgelegenen Theile des Palastes, und Semiramis erscheint nun in den Kleidern ihres Sohnes als falscher König Ninyas.

Aus dieser originellen Wendung entspringt das bunteste Vexirspiel. Der falsche Ninyas weiß von den Handlungen seines Vorgängers, auf welche sich die Betheiligten berufen, nichts und desavouirt sie; wer erhoben worden war, wird gestürzt; wer sich seiner dem Ninyas geweihten Dienste rühmt, empfängt die schärfsten Verweise; ja, der Pseudo-Ninyas giebt die zärtliche Geliebte des wahren gleichgiltig an Phryxus weg, der um sie anhält. Das Erstaunen, Befremden, den Schreck noch zu steigern, erscheint der König auch im Sinn und Geist so verwandelt, wie seine Entschließungen sich wandelbar zeigen. Denn Semiramis kann natürlich ihre hohen und heftigen Eigenschaften nicht ganz verbergen, wie viel Mühe sie sich auch giebt, dies zu thun. Kurz, der Knäuel ist aufs Aeußerste verwirrt, und nur Phryxus vermag seine Fäden zu verfolgen.

Man kann diese Scenen, diese Täuschungen, Attrapen, dieses Hasch- und Versteckspiel komödienhaft nennen, wenn man nur zugiebt, daß es die sinnreichsten Komödienscenen sind, die je geschrieben wurden, und daß sich in den Schicksalen dieser Bittsteller, Dankenden, Günstlinge die reifste Beobachtung und die schalkhafteste Weisheit offenbart. Indessen läßt sich auch noch eine ernstere Betrachtung an diese Partie des Werkes knüpfen. Semiramis, deren Thaten und Geist alles Menschliche überfliegen, wird dennoch durch die Macht der Umstände genöthigt, eine Rolle zu spielen, und zwar die Rolle eines Schwachen, von ihr Verachteten, um sich nur behaupten zu können. Sie erscheint in den dadurch herbeigeführten Verwickelungen halbkomisch, und so können wir annehmen, daß der Dichter von der tiefen Wahrheit durchdrungen gewesen sei, wie leicht gerade das Erhabenste sich überstürzt, und wie nahe dem Sublimen das Lächerliche liege.

Am Schlusse des Werks tritt aber das Große in seine Rechte wieder ein. Semiramis ist im abermaligen Kampfe für Babylon gefallen. Nun fühlt das Volk, daß nur s i e es sei, welche das Reich retten könne. Nun stürmt es vor die Gemächer, worin es sie vermuthet, und ruft nach der Retterin, und statt ihrer tritt – der todtgeglaubte Ninyas heraus. Das Genie ist heimgegangen, – die Mittelmäßigkeit ist den Mittelmäßigen geblieben. Zwar kommt Alles nun zum erwünschten Ende; aber selbst in dem gemeinen Glücke dieses Ausgangs, in seinem Contraste gegen die schwülen Wunder, die vorhergingen, liegt ein tragischer Schmerz verborgen, und aller Beschwichtigungen ungeachtet, die nun eintreten, bleibt es doch wahr, daß Babylon im Kampfe besiegt worden, der feindliche König in seine Thore eingedrungen ist, und daß das Reich seine Erhaltung nicht sich selbst, sondern dem Willen des Siegers zu danken hat.

Sieht man das Werk solchergestalt in seinem Zusammenhange an, so wird man in der Behandlung wahrlich nichts Absurdes finden. Man wird sich vielmehr in einem der reichsten Gebilde verschwenderisch schaffender Phantasie fühlen; es wird Einem zu Muthe sein, wie in einem goldenen Palaste, in welchem kühngewölbte Hallen mit zierlichen arabeskenvollen Gemächern oder einsamen, magisch beleuchteten Räumen abwechseln, befremdlich gewundene Gänge zu entzückenden Durchsichten auf Blumenstücke, Gärten, Springbrunnen leiten. Der Geist des Baumeisters wird uns überall, durch die scheinbare Unordnung weise durchblickend und auch in dem Schrecklichen anmuthig, umschweben; ein Gefühl der Sicherheit wird uns nicht verlassen, daß er uns zum richtigen Ausgange führen werde, wenn wir uns auch kaum noch der Pforte erinnern, durch welche wir hineingekommen sind.

3. SHAKESPEARE

CHRISTIAN DIETRICH GRABBE

Aus: Über die Shakspearo-Manie

...Niemand wird dem Shakspeare wahrhaftiger huldigen als ich es thue. Sein umfassendes Genie, welches überall, wohin es den Blick wirft, sey es auf die Erde, in den Himmel oder in die Hölle, Leben in die Wüsten schafft, – seine Schöpfungskraft, welche ihm manche Charactere mit einer Selbstständigkeit auszustatten vergönnt, nach welcher man fast an ein inneres wirkliches Leben derselben glauben sollte, und wenigstens, wenn man sie aus dem Rahmen des Schauspiels nähme und in das Leben treten ließe, nicht (wie bei den meisten heutigen Tragödien) befürchten dürfte, nur Marionetten zu produciren, – seine vielseitige und geniale Phantasie, – sein tiefer Blick in das Leben und in die Weltgeschichte, – die göttliche Ruhe (welche Friedrich Schlegel wohl mit seiner „göttlichen Faulheit" verwechselt), mit der er oft auf dem vom Archimedes ersehnten Puncte außer der Welt zu stehen und sie zu bewegen scheint, – der Humor, die Ironie, mit welchen er selbst durch Thränen lächelt, – alles dieses und noch viel mehr erkenne ich mit Erstaunen im Shakspeare an und hoffe es einst in einer besonderen Schrift, die ich um die Mode zu ehren gleich dem Franz Horn „Erläuterungen zum Shakspeare" nennen werde, mit Beweisen niederzulegen.

Hier aber thut es leider noth von Shakspeares Schattenseite zu reden, indem die Shakspearo-Manisten lieber blind seyn als diese sehen wollen.

Grade mit dem ersten Vorzuge, den der Haufen der Shakspeare-Vergötterer an seinem Idole zu entdecken glaubt, deckt der Haufen nur seine Unwissenheit auf, – ich meine mit dem Lobe der dem Shakspeare fast sprichwörtlich zugeschriebenen Originalität. Unter dieser Originalität verstehen die Herren vor allem anderen die Form, das heißt, die Theaterverwandlungen, die Art des Dialoges, die Manier einzelner Ausdrücke und der Characterschilderungen, den willkührlichen oder willkührlich scheinenden Gang der Handlung pp. Dieses alles ist jedoch nicht shakspearisch, sondern alt englisch. Weit vor dem Shakspeare, von dem alten Schauspiele „Gorboduc" an, war alles das, selbst das Aufsuchen und Auffinden solcher Gedanken, welche wir jetzt echt shakspearisch heißen, auf der englischen Bühne zur Mode geworden. Ben Johnson, Francis Beaumont und Fletcher, Thomas Heywood, Christoph Marlow und viele Andere zogen mit ihren eben so genialen Dramen (man erinnere sich an die Tragödien Faust, Sejan, Catilina pp, an die Lustspiele every man in his humour, the knight of the burning pastle pp) vor und mit den shakspearischen Schauspielen über das Theater, und deshalb konnte Shakspeare zu jener Zeit, wo so viele geistesähnliche Nebenbuhler ihn umstanden, nicht den Beifall erhalten, welcher ihm jetzt, da die Nebenbuhler aus Unwissenheit vergessen sind, allein zu Theil wird. Mancher deutsche Kritiker wird ein Stück von Fletcher und Beaumont, wenn man ihm den Namen der Verfasser verhehlt, von einem shakspearischen nicht zu unterscheiden wissen. Shakspeare schuf weder eine Schule, noch eine neue Schauspiel-Art, er fand vielmehr eine Schule vor, war Mitglied derselben, und zwar, was seine einzige wahre Originalität ist, das größte Mitglied dieser Schule.

Weiter wird die einst durch Voltaire so verrufene shakspearische „Composition" der Schauspiele jetzt zum Himmel erhoben. Zu einiger Erläuterung will ich gleich nachher einige von Schlegel übersetzte Stücke (weil sie am bekanntesten sind) betrachten, und kurz, wie der Raum dieser Blätter es nur erlaubt, dabei verweilen.

Daß Shakspeares componirendes Talent ausgezeichnet ist, läugnet Niemand, daß es aber besser seyn soll als das vieler anderen Schriftsteller, läugne ich offen. Vor allem rühmt man dieserhalb seine historischen Stücke. Es ist wahr, daß alle seine Vorzüge in ihnen strahlen, und daß da, wo er eigenthümlich ist, kaum Goethe (z. B. im Egmont), noch weniger Schiller mit ihm wetteifern können. Aber vom Poeten verlange ich, sobald er Historie dramatisch darstellt, auch eine dramatische, concentrische und dabei die Idee der Geschichte wiedergebende Behandlung. Hiernach strebte Schiller, und der gesunde deutsche Sinn leitete ihn; keines seiner historischen Schauspiele ist ohne dramatischen Mittelpunct und ohne eine concentrische Idee. Sey nun Shakspeare objectiver als Schiller, so sind doch seine historischen Dramen (und fast nur die aus der englischen Geschichte genommenen, denn die übrigen stehen noch niedriger) weiter nichts als poetisch verzierte Chroniken. Kein Mittelpunct, keine Katastrophe, kein poetisches Endziel läßt sich in der Mehrzahl derselben erkennen. Hätte Shakspeare deutsche Geschichte in dieser Manier behandelt, so würden mir die Chroniken eines Tschudi und Turnmayer (Aventinus) stets lieber seyn als seine Schauspiele, denn ich finde dort wenigstens reine und keine geschminkte Natur. ...

In einem anderen Genre versirt Hamlet. Der Prinz Hamlet selbst ist eine wahre Fundgrube der genialsten Gedanken, zu welchen jedoch der triviale

„es gibt noch andere Dinge zwischen Erd' und Himmel
„als eure Schulweisheit sich träumen läßt, Horatio"

nur darum so oft von dem großen Haufen gezählt wird, weil er wegen seiner Trivialität auch dem einfältigsten Gehirn sich anpaßt. Die übrigen Personen sind wahre Nullen, so sehr, daß man die Höflinge Güldenstern, Rosenkranz und Osrik nicht einmal von einander unterscheiden kann. Wilh. Schlegel vertheidigt dieß zwar, aber die Andeutung des feinen Unterschiedes, der sich auch in der gebildetsten Menschenclasse an den Individuen bemerklich macht, hätte ich grade beim Shakspeare erwartet. Auch der König ist nur ein Phrasenmacher, denn einen Narren wie den Polonius, der, wie es scheint, eine Art alt gewordenen Hamlets seyn soll, ernsthaft anzuhören und sogar als Minister zu behalten, zeigt Beschränktheit an, wie wir sie selbst heut zu Tage selten in den – – – schen Cabinetten finden. Nichts besser, sondern äußerst grob ist die Erfindung, zu welcher sich der König endlich emporschwingt, um den Hamlet umzubringen. Den Prinzen in eventum mit einem Trunke, der sofort tödtet, vor den Augen der Königin, des ganzen Hofes vergiften zu wollen, macht den hinterlistigen, besonnenen und feigen König zu einem albernen Waghalse. Selbst der Geist, vor dessen Erscheinung in der That das Grauen hergeht, vernichtet durch seine breiten Expositionen, mit abgedroschener Moral untermischt, jeden Eindruck, den man gefaßt hatte. Steckt hier eine shakspearische Ironie (wie ich fürchte), so kann ich sie doch nicht verzeihen, weil sie den Effect stört. Vortrefflich ist der Gegensatz Hamlets zum Laertes: jener voll Tiefe, dieser voll Hohlheit und Bombastes (in der tiefsten Trauer erinnert er sich an siebenfach gesalzne Thränen.) Sicher nicht ohne Anspielung läßt Shakspeare den Laertes eine Sehnsucht nach Frankreich empfinden. Auch Fortinbras gibt gegen den Hamlet einen guten Contrast ab, er mußte aber in der Ferne bleiben, weil sein näheres Eintreten ihn entweder zum Haupthelden gemacht oder doch den Hamlet in Schatten gestellt hätte.

Schon aus diesen Characteren ergibt sich, wie das dramatische Verhältniß des Stückes im Ganzen seyn muß. Alles ruht im Hamlet, das Reden ist die Hauptsache, die Handlung ungelenk und schleppend. Ophelias Wahnsinn, Laertes' Empörung, Hamlets Reise nach England, seine zufällige Errettung pp. pp. fallen wie aus den Wolken, und soll hier abermals eine shakspearische Feinheit (welcher Ausdruck so oft als Substitut eines shakspearischen Fehlers gebraucht wird) stecken, daß nämlich, wie Wilh. Schlegel meint, trotz aller Hebel welche Erde und Himmel zur Bestrafung der Frevler in Bewegung setzen, diese Bestrafung nicht durch das erwählte Werkzeug, den Prinzen Hamlet zu Stande gefördert wird, sondern nur zufällig eintritt, – so hätte uns der Dichter sowohl die Wiederholung solcher Zufälle sparen sollen, als man ohnedem bei Hamlets Character a priori weiß, daß nicht er, sondern der Zufall das Spiel entscheiden werde.

Der Dichter scheint an der Handlung im Hamlet Langeweile gehabt zu haben. Wie zeitungsmäßig und wie steif bewegt sich alles, was nicht zur Reflection gehört. Man denke nur an den Theil der Exposition, welcher in Horatios Erzählung von dem Wettstreit des alten Hamlet und des alten Fortinbras sich vorfindet. Überhaupt sind, wie ich bei dieser Gelegenheit wohl bemerken darf, Shakspeares Expositionen nicht so sehr, wie Schlegel es thut, zu loben. Freilich eröffnet Shakspeare oft (nicht immer!) seine Stücke mit phantastischen Scenen, z. B. mit der Schildwache und der Geistererscheinung im „Hamlet", mit dem Vorbeischweben der Hexen im „Macbeth", mit dem Untergange des Schiffes im „Sturme", – aber hinter diesen Phantasiebildern pflegt die eigentliche Exposition nur um so sicherer daher zu hinken, wie das denn in allen genannten Stücken der Fall ist. Und wenn man aus langer Erfahrung weiß, wie wenig auf dem Theater gleich beim ersten Aufziehen des Vorhangs große Schläge auf den Zuschauer wirken, – wie dieser noch nicht genug gesammelt ist, um sie zu verstehen oder aufzunehmen, so wird man exempli gratia einräumen, daß der Untergang des Schiffes im „Sturm" wenig dient, der nachfolgenden Unterredung zwischen Prospero und Miranda, bei welcher die letztere einschläft (ist das vielleicht auch shakspearische Ironie?) die Langeweile zu benehmen. Die kunstloseste und trockenste Exposition befindet sich jedoch gleich zu Anfang des Cymbeline.

Kurz auf den Hamlet zurückzukommen, ist es merkwürdig, wie der Prinz zwar an der Wahrhaftigkeit des Geistes zweifelt, aber den nächsten Grund eines vernünftigen christlichen Zweifels nicht einsieht: der Geist fodert ihn zur *Rache* auf. Das thut kein guter Geist, und entweder hat Shakspeare sich hier versehen oder es steht mit seinem Geiste nicht richtig. Übrigens verkenne ich in der Anlage des Schauspieles nicht eine echt shakspearische Feinheit. Ich bin subjectiv überzeugt, daß es ein wirklicher Geist ist, der den Hamlet zur Rache aufruft; objectiv geht darüber dennoch keine Gewißheit aus dem Stücke hervor. Es könnte dieser Geistererscheinung auch ein Betrug, eine Cabale zu Grunde liegen, und grade dadurch daß selbst diese alles motivirende Geistererscheinung, dieses Kettenglied zwischen Himmel und Erde, im zweifelhaften Lichte schwebt, wird im Hamlet das Menschenschicksal zu einer „Sphinx"....

OTTO LUDWIG

Aus: Shakespeare-Studien

Keine Tugendhelden. Tragische Formel Shakespeares

Dadurch sind Shakespeares Tragödien so ewig wahr, daß er durchaus keine Tugendhelden vorbringt, nur Züge der Natur. Sie unternehmen ein Wagnis, zu dessen Durchführung ihre

Natur nicht geeignet, ja die der entgegengesetzt ist, der das Wagnis gelingen könnte. Daraus folgt das tragische Leiden. Seine Helden haben alle etwas Imposantes; das läßt den Nachahmer leicht fehlgreifen, weil der wohlfeilste Weg, eine Gestalt imposant zu machen, der ist, daß man ihr ein tüchtig Teil von dem Übergewichte des höheren Begehrungsvermögens über das niedere giebt. Aber in Shakespeares Gestalten siegt nie die Freiheit, die Vernunft, auch nur vorübergehend; was in ihnen die Gewalt hat, was an ihnen imponiert, ist die Gewalt der Leidenschaft, eben die Gewalt, das Übergewicht der niederen Begehrungskraft über die höhere. Der wirklich vernünftige Mensch wäre überhaupt der ungünstigste Gegenstand für die Tragödie, schon wegen der Unterordnung von Gefühl, Begehren und Phantasie in ihm. Es braucht deshalb kein Verbrecher zu sein. Bei Shakespeare ist das Tragische, wenn ein Mensch seine Totalität aufgiebt und ein falscher Bruch eines einzigen Triebes wird. Wenn e i n Begehren im Menschen so riesig anschwillt, daß eine förmliche Verrückung des geistigen und sinnlichen Organs entsteht, wenn eines davon alles Blut des Körpers in sich saugt, so daß die andern darüber verkümmern; eine Aufhebung aller Harmonie, eine geistige Entzündung, die mit dem Tode des Organismus endet. Von seinen tragischen Figuren übt keine auch nur e i n e Tugendthat. Das ist's, worin Goethe Shakespeare gefolgt ist, nur daß er an die Stelle des Imponierenden die Liebenswürdigkeit des Helden setzt. Die Personen bei Shakespeare, in welchen das obere Begehrungsvermögen das stärkere ist, gehen nicht unter, z. B. Edgar. – Man kann das ganze Verfahren Shakespeares aus dem Streben nach dem Typischen ableiten. Die poetische Abstraktion geht auf den Typus, wie die philosophische auf die Idee. – Soll nun die Handlung ein Typus sein, soll sie, wie Lessing sagt, „zu ihrem eigenen Ideale simplifiziert werden" – so ist die Thätigkeit dabei eine doppelte, alle schlechthin individuellen Züge müssen entfernt, dafür typische hereingenommen werden; darauf muß alles Neuhinzuthun und Immerwiederausscheiden ausgehen; so müssen auch die Charaktere Typen sein, d. h. alles, was nicht zu dem Typus, der die Aufgabe des Stückes ist, stimmt, was nicht selbst ein Teil dieses Typischen ist, muß heraus. Die Scenen und Gespräche müssen Typen der erregten Natur oder des bloßen Lebens, gleichgültige Mimen nicht bloß des Staats-, Kriegs-, Geschäfts- und Gesellschaftslebens sein. Auch der Kausalnexus muß durchaus typischer Natur sein; alles im Drama muß sein, nicht, was wohl einmal ohne Unwahrscheinlichkeit geschehen konnte, sondern wie es immer geschieht, wie es die Regel ist. Das ist die einzig statthafte Idealität des Dramas wie aller Poesie. Mit der reintypischen Behandlung ist die Geschlossenheit, Ganzheit, Einheit, Vollständigkeit, Übereinstimmung und Notwendigkeit, d. i. die poetische Wahrheit gesetzt. –

Einfachheit der Maschinerie

Größte Einfachheit der Maschinerie; der geistige ethisch-psychologische poetische Gehalt des Grundgedankens, nicht die Maschinerie, d. h. nicht der pragmatische Nexus als solcher, nein, nur insofern er mit dem idealen Nexus eins ist, muß das Stück sein. Dadurch erreicht Shakespeare beim größten Reichtum an Handlung und Begebenheit das behagliche Sichausleben der Gespräche und Personen, weil seine Handlung bis aufs innerste, bis auf den Kern simplifiziert und konzentriert ist. Dieser engste Kern wird wiederum durch die äußerste Kunst des Dialoges geschwellt.

Das Verbergen der Maschinerie. Schuld und Charakter

Wie flüssig ist bei Shakespeare der Vorgang, in welchen fast unmerklich die Handlung eingelassen ist, wodurch wir sie miterleben, wir wissen nicht, wie? Wie ist es ihm gelungen, die Blumenstiele dem Auge zu verbergen, so daß der Kranz nur aus den Blumen selbst zu bestehen scheint. Wie sind so gar keine Anstalten sichtbar! Das Ganze eine Reihe von Auslebescenen der interessantesten und amüsantesten Art. Jene Verknüpfungen und Vorbereitungen, die uns in andern Stücken mehr oder weniger die Maschinerie sehen lassen – wie ist im Shakespeare keine Spur davon! Lessing sagt: „Wo wir viel nachdenken müssen, können wir wenig fühlen"; deswegen rät er dem Trauerspiele eine einfachste Verwicklung an. Die Shakespeares sind auch wirklich in diesem Sinne einfachst. – Er operiert mit den einfachsten, allgemeinsten, primitivsten Motiven. –

Seine Verknüpfung ist immer das einfachst-notwendige unmittelbare Hervorgehen der Schuld aus der Charakterdisposition, das unmittelbarst-notwendige Hervorgehen des Leidens aus der Schuld, nach dem einfachsten Naturgesetze der Seele, eine ideale Verknüpfung, in der die Idee selbst der Pragmatismus ist, so daß der ideal-ethisch-psychologische Gehalt des Stoffes und nichts andres, dieser Gehalt, unvermischt mit etwas anderm, als er selbst, das Stück ist. Jetzt ist die pragmatische Verknüpfung die Hauptsache, das ethische Resultat des Ganzen wird sozusagen gelegentlich mit erreicht, d. h. eigentlich zufällig. Das Resultat, auf so verschiedne Weise gewonnen, läßt sich charakterisieren dort als ethisch-psychologische Notwendigkeit der Sache, hier als poetische Gerechtigkeit des Autors. Man vergleiche den Macbeth mit der Emilia Galotti. Dort kann der Ausgang kein andrer sein, denn das Gewissen muß die That rächen, und wenn auch Macbeth am Leben und bei Macht bliebe. Das Stück ist eben nur die That und die Rache des Gewissens dafür. Hier könnte die Emilia recht gut gerettet werden und leben bleiben, die Maschine brauchte nur eine etwas andre zu sein; diese Änderung könnte pragmatisch eben dieselbe Musterhaftigkeit haben; aber, so oder so – der Ausgang folgte nicht aus der einfachsten Natur der Sache, sondern aus der Willkür des Autors.

LUDWIG BÖRNE

Aus: Hamlet von Shakespeare

... Hamlet ist ein Feiertagsmensch, ganz unverträglich mit dieser Werkeltagserde. Er verspottet das eitle Treiben der Menschen, und diese tadeln seinen eiteln Müßiggang. Ein Nachtwächter, beobachtet und verkündet er die Zeit, wenn andere schlafen und nichts von ihr wissen wollen, und schläft, während andere wachen und geschäftig sind. Wie ein Fichtianer denkt er nichts, als *ich bin ich,* und tut nichts, als sein Ich setzen. Er lebt in Worten und führt als Historiograph seines Lebens ein Schreibbuch in der Tasche. Ganz Empfindung, verbrennt ihn das Herz, das ihn erwärmen sollte. Er kennt die Menschheit, die Menschen sind ihm fremd. Er ist zu sehr Philosoph, um zu lieben und zu hassen. *Die* Menschen kann er nicht lieben, *den* Menschen kann er nicht hassen; darum ist er ohne Teilnahme für seine Freunde und ohne Widerstand gegen seine Feinde. Mut, dieser Bürge der Unsterblichkeit – wer hätte Mut, wenn er sich nicht unsterblich glaubte? – er hat ihn nicht, der Königssohn. Weil er in jedem Menschen das übergewaltige Menschenvolk erkennt, ist er furchtsam, was andere nicht sind, die mit ihren kleinen Augen im einzelnen nur den einzelnen sehen. In der Schuld seiner Mutter sieht er die Gebrechlichkeit des Weibes, in dem Verbrechen seines Oheims die lächelnde Schurkerei der Welt. Soll er ihn wagen, diesen tollkühnen Streit? Er zittert. Ihm fehlt nicht der Mut des Geistes, den ein tapferes Heer von Gedanken umgibt; ihm fehlt der Mut des Herzens, für das nur das eigene Blut kämpft. Darum ist er kühn in Entwürfen und feige, sie auszuführen. Zum Übermaße des Verderbens kennt sich Hamlet sehr gut, und zu seiner unseligen Schwäche gesellt sich das Bewußtsein derselben, das ihn noch mehr entmutigt.

Hamlet ist ein Todesphilosoph, ein Nachtgelehrter. Sind die Nächte dunkel, steht er unentschlossen, unbeweglich da; sind sie hell, ist es immer nur eine Monduhr, die ihm den Schatten der Stunde zeigt, er handelt ungelegen und geht irre im trügerischen Lichte. Das Leben ist ihm ein Grab, die Welt ein Kirchhof. Darum ist der Kirchhof seine Welt, da ist sein Reich, da ist er Herr. Wie liebenswürdig erscheint er dort! Überall betrübt, da ist er heiter; überall dunkel, da ist er klar; überall verstört, da ist er ruhig. Wie treffend, geistreich und witzig zeigt er sich dort! Sonst betrübend durch seine Todesgedanken, wird er uns tröstlich zwischen Gräbern. Indem er das Leben als einen Traum verspottet, spottet er den Tod auch zu nichts. Da ist er nicht schwach – wer ist stark im Angesichte des Todes? Da endigt alle Kraft, aller Wert, da hört alle Berechnung, alle Schätzung, alle Verachtung, jede Vergleichung auf. Da darf Hamlet ungescholten den Befehl seines Vaters vergessen, da braucht er dessen Tod nicht zu rächen. Soll er einen Verbrecher, der in den letzten Zügen einer Krankheit liegt, auf das Blutgerüst schleppen? Wie grausam! Umbringen im Angesichte des Todes – wie lächerlich, welch eine kindische Ungeduld! Es ist, als ginge eine Schnecke dem kommenden Winde entgegen. ...

Hamlets Wahnsinn steigt; die Maske der Verstellung, halb fällt sie, halb läßt er sie sinken. Der König wird zum Äußersten gebracht, er muß selbst zugrunde gehen oder Hamlet verderben. Da beschließt er, ihn nach England zu schicken, zu seinem Untergange. Er gibt ihm ganz freundliche Rechenschaft von der Notwendigkeit seiner Entfernung. Hamlet ist es gleich zufrieden, das Wörtchen *nein* steht nicht in seinem Wörterbuche, er sagt *gut* und läßt sich schicken. Er denkt an nichts, er entfernt sich von allem. Auf dem Schiffe übt er ein Bubenstück, begeht eine schimpfliche feige Tat gegen seine Begleiter Güldenstern und Rosenkranz. Diese jungen Leute wollten ihr Glück machen, sie zeigten sich dem Könige gefällig; aber sie durchschauen seine Tücke nicht und wissen nichts von der Botschaft, die sie nach England bringen. Hamlet schreibt wie ein Gauner falsche Briefe, schiebt sie den echten unter und bringt seine Begleiter und Jugendfreunde in die Falle, die ihm selbst gestellt. Er tut es nicht aus Bosheit, nicht aus Rachsucht, er tut es nur aus Eitelkeit. Noch nie ist ihm eine Tat gelungen, er will sich einmal etwas zugute tun, er will sich mit einem klugen Streiche bewirten. Der Zufall wirft ihn nach Dänemark zurück. Ob er jetzt auf etwas sinne, läßt er nicht erraten. Er wird zum Fechten mit Laertes eingeladen. Kaum hat er es zugesagt, wird es ihm übel ums Herz; nur die Ahnung einer Tat macht ihn schon krank. Er wird handeln, er wird sterben. Vorher versöhnt er sich mit Laertes auf eine würdige, rührende Art; noch einmal taucht der edle Schwan herauf und zeigt sich rein von dem Schmutze dieser Erde. Hamlet ficht, wird tödlich verwundet, und da, als er nichts mehr zu verlieren hat, als er keinen Mut mehr braucht, bringt er den König um. Es ist die Keckheit eines Diebes, der schon unter dem Galgen steht und Gott, die Welt und seinen Richter lästert. So endet ein edler Mensch, ein Königssohn! Er, der Wehe über sich gerufen, daß er geboren ward, die Welt aus ihren Fugen wieder einzurichten, tritt wie ein blindes Pferd das Rad des Schicksals, bis er hinfällt und ein armes Vieh, den Peitschenhieben seiner Treiber unterliegt!

Das ist das Los des Schönen auf der Erde.

Man hat viel von Shakespeares Ironie gesprochen. Vielleicht habe ich nicht recht verstanden, was man darunter verstanden;

aber ich habe Ironie überall vergebens gesucht. Ironie ist Beschränktheit, – oder Beschränkung. Für letztere war Shakespeare zu königlich, für erstere hatte er eine zu klare Weltanschauung; er sieht keinen Widerspruch zwischen Sein und Schein, er sieht keinen Irrtum. Oft zeigt er uns lächelnd des Lebens verstellten, doch nie spottend des Lebens lächerlichen Ernst. Doch im Hamlet finde ich Ironie, und keine erquickliche. Der Dichter, der uns immer so freundlich belehrt, uns alle unsere Zweifel löst, verläßt uns hier in schweren Bedenklichkeiten und bangen Besorgnissen. Nicht die gerechten, nicht die Tugendhaften gehen unter, nein schlimmer, die Tugend und die Gerechtigkeit. Die Natur empört sich gegen ihren Schöpfer und siegt; der Augenblick ist Herr und nach ihm der andere Augenblick; die Unendlichkeit ist dem Raume, die Ewigkeit ist der Zeit untertan. Vergebens warnt uns das eigene Herz, das Böse ja nicht zu achten, weil es stark, das Gute nicht zu verschmähen, weil es schwach ist; wir glauben unsern Augen mehr. Wir sehen, daß wer viel geduldet, hat wenig gelebt, und wir wanken. Hamlet ist ein christliches Trauerspiel.

Die Welt staunt Shakespeares Wunderwerke an. Warum? Ist es denn so viel? Man braucht nur Genie zu haben, das andere ist leicht. Shakespeare wählt den Samen der Art, wirft ihn hin, er keimt, sproßt, wächst empor, bringt Blätter und Blüten, und wenn die Früchte kommen, kommt der Dichter wieder und bricht sie. Er hat sich um nichts bekümmert, Luft und Sonne seines Geistes haben alles getan, und die Art ist sich treu geblieben. Aber den Hamlet staune ich an. Hamlet hat keinen Weg, keine Richtung, keine Art. Man kann ihm nicht nachsehen, ihn nicht zurechtweisen, nicht prüfen. Sich da nie zu vergessen! Immer daran zu denken, daß man an nichts zu denken habe! Ihn nichts und alles sein zu lassen! Ihn immer handeln und nichts tun, immer sich bewegen und nie fortkommen zu lassen! Ihn immer sich als Kreisel drehen lassen, ohne daß er ausweiche! Das war schwer. Und Shakespeare ist ein Brite! Hätte ein Deutscher den Hamlet gemacht, würde ich mich gar nicht darüber wundern. Ein Deutscher brauchte nur eine schöne, leserliche Hand dazu. Er schreibt sich ab, und Hamlet ist fertig.

FRIEDRICH THEODOR VISCHER

Aus: Shakspeares Hamlet

... Wieviel verborgene Weichheit nun auch in Hamlet sein mag, wir haben in ihm nun doch so viel Hartes, Erbarmungsloses, Rauhes gesehen, daß wir nicht weiter zweifeln können, der Grund, warum er zur Ausführung einer blutigen Tat nicht zu gelangen vermag, könne unmöglich in einer Art des Denkens gesucht werden, die ausschließlich oder auch nur vorherrschend auf die ideale, ethische Reinheit derselben gerichtet wäre. So kommen wir denn zur Hauptfrage. Und wir stellen sie zunächst ganz einfach so: was denkt denn dieser Hamlet eigentlich, der vor lauter Denken nicht zum Tun kommt?

Das Eine haben wir bereits hervorgehoben, daß er zu viel an das Gelingen, an die Folgen denkt. Wir kommen auf den Monolog (Akt 4, Szene 4) zurück, wo er dies ausspricht, die zweite der zornigen Reden, mit denen er sich zur Tat spornt (wenn man den Monolog „Sein oder Nichtsein" dahin zählt, die dritte). Von der „Trägheit", dem „viehischen Vergessen" nachher; er setzt hinzu: „oder sei's ein banger Zweifel, welcher zu genau bedenkt den Ausgang, – ein Gedanke, der, zerlegt man ihn, ein Viertel Weisheit nur und stets drei Viertel Feigheit hat." Dies weist zunächst auf die Art phantasiereicher, nervöser Menschen, die sich in einem Netze vorgestellter Möglichkeiten fangen, wenn es eine höchst wichtige und zugleich gefährliche Tat gilt. Hamlet denkt sich jede denkbare Art von Störung, Durchkreuzung, er denkt sicher, er könnte über einen Strohhalm straucheln, wenn er zum Stoß ausfällt. Die moralisch-rechtlichen Bedenken, wonach er sich sagt, es müsse Alles auf einer unparteiischen Voruntersuchung ruhen, er müsse Zeugen haben, er müsse sich vor der Welt rechtfertigen, haben wir ausgesondert; wir reden von jenen Bedenken, die h i n t e r diesen liegen und Ursache sind, daß er nicht zur raschen Erledigung eben der letzteren schreitet. Die tiefer liegende Hemmung läge nun also nach Hamlets eigener Selbstanklage in einem Überflusse von Vorstellungen möglichen Mißlingens, der zu einem Viertel Weisheit, zu drei Vierteln Feigheit ist. Also ein Konvolut von Denken und von Angst, und es fragt sich, was in diesem Konvolute der Kern, das Ursprüngliche ist. Wir haben uns bereits überzeugt, daß Hamlet schwerlich zu denen gehört, die mit kaltem Blute, mit ruhigem Pulse tapfer sind, aber auch, daß er, sobald ein großer Inhalt oder ein glücklicher Moment ihn emporrafft, das Herzklopfen, jene Bangigkeit, zu der Naturen von seiner Komplexion wohl auch physiologisch disponiert sind, überwindet und tapfer ist wie ein Held. Der Kern wird also nicht die Furcht, sondern das Denken sein: könnte er mit diesem fertig werden oder an die Stelle des Denkens, das zersetzend und lähmend wirkt, ein solches Denken setzen, das naturgemäß dem Entschluß und Handeln Platz macht, so würde ihm keine Angst im Wege sein. Er sagt sich demnach offenbar zu viel, wenn er sich der Feigheit als des wahren Grundes seiner Unterlassung anklagt, zu viel, wie in allen diesen Monologen, eben um sich mit der Geißel dieses Vorwurfs anzutreiben. Zunächst ist es nun also der Ausgang, über welchen Hamlet zu viel denkt; ist aber die Bangigkeit nicht der Grund, sondern die Folge davon, so ist es gleichgültig, ob das Denken sich gerade auf den Ausgang oder auf was immer bezieht. Wir müssen nun den ganzen Mann zusammennehmen, wie er Alles zergliedert, über Alles grübelt, haarscharf unterscheidet, Andere durchblickt und seiner selbst sich immer bewußt ist, so kommen wir bei dem einfachen Satz an: es braucht gar nicht mehr untersucht zu werden, was er denkt, er denkt eben zu viel, er denkt über den Punkt hinaus, wo er denken sollte. Es ist kein schönes, sittliches und kein unschönes, unsittliches Denken, es ist nicht Mitleid, nicht Gerechtigkeit, es ist eben ein Überschuß des Denkens, das alles Mögliche denkt, an Allem herumkommt. ...

Das Denken allein führt nie zur Tat, es ist von ihm kein Übergang zur Vollstreckung des Gedachten. Das Denken führt in eine unendliche Linie. Es ist Alles bedacht, was zur Tat gehört, es kommt nur noch darauf an, den rechten Moment zu ergreifen. Es kommt ein Moment, der als der geeignete erscheint. Allein wer sagt mir, daß ein folgender nicht noch geeigneter ist? Der Begriff des Geeigneten ist relativ, der Gedanke sucht einen a b s o l u t geeigneten Moment, und den gibt es nicht, der kommt nie. Dem Menschen, dessen innerste Natur auf das Denken geht, ist das J e t z t fürchterlich. An einer entschlossenen, kühnen Tat bewundern wir wesentlich dies, daß der Mann, der sie wagte, das Jetzt ergriffen, auf diese Messerschärfe des Augenblicks sich gestellt hat. Es ist das Schneidende des Jetzt, das Durchschneidende, um was es sich handelt. Der Übergang vom Denken ins Handeln ist irrational, es ist ein Sprung, ein Abschnellen, das Abbrechen einer endlosen Kette. Wodurch wird dieser Sprung möglich? Durch eine andere Kraft als das Denken, die aber mit ihm sich verbinden muß, eine Kraft, die dem Denken gegenüber b l i n d ist, bewußtlos wirkt. Diese Kraft f r a g t n i c h t l ä n g e r; sei der Moment auch an sich nicht so günstig, daß nicht noch günstigere sich denken ließen, genug: er ist günstig, also schnell ihn an den Haaren erfaßt, drauf und zu! Habe ich mich getäuscht, mißlingt die Tat, es kann mich nicht reuen, denn ich sage mir, daß ich nach dem Stande der Dinge, soweit menschliches Erkennen reicht, diesen Augenblick als den richtigen ansehen mußte. Nur diese wagende Kraft gibt den Entschluß, das Sich-Aufschließen, daß die Tür endlich aufgeht, das Innere als Tat herausbricht in die Wirklichkeit. ...

FRIEDRICH NIETZSCHE

Hamlet als dionysischer Mensch

Die Verzückung des dionysischen Zustandes mit seiner Vernichtung der gewöhnlichen Schranken und Grenzen des Daseins enthält nämlich während seiner Dauer ein *lethargisches* Element, in das sich alles persönlich in der Vergangenheit Erlebte eintaucht. So scheidet sich durch diese Kluft der Vergessenheit die Welt der alltäglichen und der dionysischen Wirklichkeit von einander ab. Sobald aber jene alltägliche Wirklichkeit wieder in's Bewusstsein tritt, wird sie mit Ekel als solche empfunden; eine asketische, willenverneinende Stimmung ist die Frucht jener Zustände. In diesem Sinne hat der dionysische Mensch Aehnlichkeit mit Hamlet: beide haben einmal einen wahren Blick in das Wesen der Dinge gethan, sie haben *erkannt,* und es ekelt sie zu handeln; denn ihre Handlung kann nichts am ewigen Wesen der Dinge ändern, sie empfinden es als lächerlich oder schmachvoll, dass ihnen zugemuthet wird, die Welt, die aus den Fugen ist, wieder einzurichten. Die Erkenntniss tödtet das Handeln, zum

Handeln gehört das Umschleiertsein durch die Illusion – das ist die Hamletlehre, nicht jene wohlfeile Weisheit von Hans dem Träumer, der aus zu viel Reflexion, gleichsam aus einem Ueberschuss von Möglichkeiten, nicht zum Handeln kommt; nicht das Reflectiren, nein! – die wahre Erkenntniss, der Einblick in die grauenhafte Wahrheit überwiegt jedes zum Handeln antreibende Motiv, bei Hamlet sowohl als bei dem dionysischen Menschen. Jetzt verfängt kein Trost mehr, die Sehnsucht geht über eine Welt nach dem Tode, über die Götter selbst hinaus, das Dasein wird, sammt seiner gleissenden Wiederspiegelung in den Göttern oder in einem unsterblichen Jenseits, verneint. In der Bewusstheit der einmal geschauten Wahrheit sieht jetzt der Mensch überall nur das Entsetzliche oder Absurde des Seins, jetzt versteht er das Symbolische im Schicksal der Ophelia, jetzt erkennt er die Weisheit des Waldgottes Silen: es ekelt ihn.

4. SCHILLER

CHRISTIAN DIETRICH GRABBE

Aus: Wallensteins Tod

Aufgeführt den 8. März 1835.

In Berlin fängt dieses Stück mit seinem zweiten Act an, die Scene im astrologischen Thurm, die Ueberredung durch die Terzky, das Gespräch mit Wrangel, sind weggeschnitten. Wallenstein steht dort auf einmal kahl da, ohne seine Sterne, und den Zuschauern wird zu Muth wie ihm selbst: „bahnlos liegts hinter ihm" und hinter ihnen. Bei uns hatte ein Dichter arrangirt, und gefunden, was Schiller selbst erfreut hätte. Der fünfte Act der Piccolomini ist noch zu dem ersten von Wallensteins Tod herübergezogen, und dreifach mit Recht; 1tens er ist an sich mehr Exposition zu Wallensteins Tod, als Schluß der Piccolomini; 2tens außer daß er so die Verhältnisse von Octavio, Max, Friedland, und dem Haus Oesterreich in's Licht stellt, wie nirgend anders im Stück der Fall, entfaltet sich hier am klarsten Octavio's nicht unedler Character, sein nicht ganz fühlloses Herz. Was sehr nöthig, da der Dichter diese Rolle zwar fein angelegt, aber in Wallensteins Tod nur skizzenhaft fortgeführt hat. Sie scheint seinem begeisterten Gemüth zu kalt vorgekommen zu sein. 3tens diese Unterredung zwischen Vater und Sohn, die Variationen derselben leiten besser ein, als fällt man gleich mit astrologischen Thürmen und Thüren in's Haus, oder wirft sie gar beiseit.

Dieses Trauerspiel ist an sich lang und hier noch der 5te Act der Piccolomini hinzu. Gekürzt mußte werden. Es ist aber mit richtigem Takt gekürzt. Die Scenen der Herzogin von Friedland fielen meist aus, und warum nicht? Sie ist auch nur Skizze, und wird genugsam bezeichnet, wenn sie nur anständig und duldend neben dem Helden auftritt; die Scene im 5ten Act zwischen Macdonald und Deveroux fehlte gleichfalls, indeß man spürte es nicht, denn sie ist doch nur ein halblustiges Einschiebsel, und das Komische ist ohnehin Schillers Stärke nicht. Daß es Leute wie Macdonald und Deveroux unter einem Söldnerheer gibt, weiß man von selbst, aber Schiller thut immer gern des Guten zu viel. Weder sein Personal zu Weimar, noch die hiesige oder eine andere Bühne konnten und können, da alle Talente sonst angewendet werden müssen, auch diese zwei Figuren mit ausreichenden Darstellern besetzen.

Wer Schillers Wallenstein in seiner Jugend, wo seine Lebenshimmel nur noch vorüberfliegende Wolken trugen, zur Zeit, wo unter anderen unbewußt auch die edelste, die erste Liebe, und mit ihr der Drang zum Großen aufkeimte, gelesen hat, frage sich: „wo ein Stück, das so wie dieses mich durchklang und durchleuchtete?" Kein Dichter hat so wie hier die fernsten Sterne zur Erde gezogen, so die Sehnsucht nach dem Unerfaßbaren verherrlicht. Es ist Winter in der Natur. Man fühlt's, wird's auch nur schwach angedeutet. Winter ist's in der Menschheit. Alles fiel ab vom jetzt „entlaubten Stamm", aber Wallenstein blickt auch am Ende noch einmal zu seinem Stern, dem Jupiter, und verwechselt ihn plötzlich, unwillkürlich, mit seinem dahingesunkenen Max. Andere Dichter haben in Sachen anderer Art Größeres geleistet, aber solch einen Blitz zwischen Himmel und Erde schuf nur Schiller. Der Pöbel merkt's freilich nicht, das Erhabene heißt: ihm die Hand vor die Augen halten.

Sehr zart muß (und das ist zum Theil „der langen Rede kurzer Sinn") in einem so von Gefühl und äußerer Natur durchwebten Stück die Scenerie behandelt werden. Der gefährlichste, und doch einer der nothwendigsten Puncte ist der astrologische Thurm. Statt daß er anderwärts oft ausbleibt, standen hier in ihm die lebensgroßen Bilder der Planeten mit ihren Zeichen, hinter ihnen strahlten die Urbilder, und in weiterer Ferne die Fixsterne. Letztere blinkerten schön, die näheren Gestirne weniger. Auch jede der übrigen Sceneneinrichtungen war zweckmäßig, so daß sie anderswo als „außerordentlich" bewundert, hier aber als „gewöhnlich" betrachtet werden kann und wird, wozu ich dem Publicum und mir gratulire. ...

GEORG WILHELM FRIEDRICH HEGEL

Ueber „Wallenstein"

Der unmittelbare Eindruck nach der Lesung Wallenstein's ist trauriges Verstummen über den Fall eines mächtigen Menschen, unter einem schweigenden und tauben Schicksal. Wenn das Stück endigt, so ist Alles aus, das Reich des Nichts, des Todes hat den Sieg behalten; es endigt nicht als eine Theodicee.

Das Stück enthält zweierlei Schicksale Wallenstein's; – das eine, das Schicksal des Bestimmtwerdens eines Entschlusses, das zweite, das Schicksal dieses Entschlusses und der Gegenwirkung auf ihn. Jedes kann für sich als ein tragisches Ganzes angesehen werden. Das erste, – Wallenstein, ein großer Mensch, – denn er hat als er selbst, als Individuum, über viele Menschen geboten, – tritt auf als dieses gebietende Wesen, geheimnißvoll, weil er kein Geheimniß hat, im Glanz und Genuß dieser Herrschaft. Die Bestimmtheit theilt sich gegen seine Unbestimmtheit nothwendig in zwei Zweige, der eine in ihm, der andere außer ihm; der in ihm ist nicht sowohl ein Ringen nach derselben, als ein Gähren derselben; er besitzt persönliche Größe, Ruhm als Feldherr, als Retter eines Kaiserthums durch Individualität, Herrschaft über Viele, die ihm gehorchen, Furcht bei Freunden und Feinden; er ist selbst über die Bestimmtheit erhaben, dem von ihm geretteten Kaiser oder gar dem Fanatismus anzugehören; welche Bestimmtheit wird ihn erfüllen? er bereitet sich die Mittel zu dem größten Zwecke seiner Zeit, dem, für das allgemeine Deutschland Frieden zu gebieten; ebenso dazu, sich selbst ein Königreich, und seinen Freunden verhältnißmäßige Belohnung zu verschaffen; – aber seine erhabene, sich selbst genügende, mit den größten Zwecken spielende und darum charakterlose Seele kann keinen Zweck ergreifen, sie sucht ein Höheres, von dem sie gestoßen werde; der unabhängige Mensch, der doch lebendig und kein Mönch ist, will die Schuld der Bestimmtheit von sich abwälzen, und wenn nichts für ihn ist, das ihm gebieten kann, – es darf nichts für ihn seyn – so erschafft er sich, was ihm gebiete; Wallenstein sucht seinen Entschluß, sein Handeln und sein Schicksal in den Sternen; (Max Piccolomini spricht davon nur wie ein Verliebter). Eben die Einseitigkeit des Unbestimmtseyns mitten unter lauter Bestimmtheiten, der Unabhängigkeit unter lauter Abhängigkeiten, bringt ihn in Beziehung mit tausend Bestimmtheiten, seine Freunde bilden diese zu Zwecken aus, die zu den seinigen werden, seine Feinde ebenso, gegen die sie aber kämpfen müssen; und diese Bestimmtheit, die sich in dem gährenden Stoff, – denn es sind Menschen – selbst gebildet hat, ergreift ihn, da er damit zusammen – und also davon abhängt, mehr, als daß er sie machte. Dieses Erliegen der Unbestimmtheit unter die Bestimmtheit ist ein höchst tragisches Wesen, und groß, konsequent dargestellt; – die Reflexion wird darin das Genie nicht rechtfertigen, sondern aufzeigen. Der Eindruck von diesem Inhalt als einem tragischen Ganzen, steht mir sehr lebhaft vor. Wenn dieß Ganze ein Roman wäre, so könnte man fordern, das Bestimmte erklärt zu sehen, – nämlich dasjenige, was Wallenstein zu dieser Herrschaft über die Menschen gebracht hat. Das Große, Bestimmungslose, für sie Kühne, fesselt sie; es ist aber im Stück, und konnte nicht handelnd dramatisch, d. h. bestimmend und zugleich bestimmt auftreten; es tritt nur, als Schattenbild, wie es im Prolog, vielleicht in anderm Sinne, heißt, auf; aber das Lager ist dieses Herrschen, als ein Gewordenes, als ein Produkt.

Das Ende dieser Tragödie wäre demnach das Ergreifen des Entschlusses; die andere Tragödie das Zerschellen dieses Entschlusses an seinem Entgegengesetzten; und so groß die erste ist, so wenig ist mir die zweite Tragödie befriedigend. Leben gegen Leben; aber es steht nur Tod gegen Leben auf, und unglaublich! abscheulich! der Tod siegt über das Leben! Dieß ist nicht tragisch, sondern entsetzlich! Dieß zerreißt das Gemüth, daraus kann man nicht mit erleichterter Brust springen!

LUDWIG TIECK

Aus: Die Piccolomini. Wallensteins Tod

... Schiller muß sein Werk in zwei Theile und einen dramatischen Prolog scheiden. Aber diese Theile sind nicht nothwendig von einander geschieden, sondern nur willkührlich von einander getrennt, sie fließen in einander über, und der Prolog ist nur gleichsam ein Stück des Stückes, ein Gemälde ohne Handlung, trefflich, lebend in niederländischer Manier, Styl und Haltung ganz und durchaus anders, als die der Tragödie. Ja diesem dramatischen geht noch ein anderer einfacher Prolog, voll trefflicher Wahrheiten, voraus, um die Gemüther vorzubereiten und für die ganz neue Erscheinung empfänglich zu machen. Die beiden Hälften waren, so lange das Werk noch Manuscript blieb, anders, wie jetzt, abgetheilt: das erste Schauspiel, die Piccolomini, faßte sieben Acte der beiden Tragödien, denn es nahm noch die zwei ersten von Wallensteins Tod in sich auf, und schloß da, wo Isolan und Buttler bewogen worden, zu ihrer Pflicht zurück zu kehren. Damals war die letzte Hälfte, die nur die drei letzten Acte der jetzigen ausmacht, wahrscheinlich in den Reden gedehnter. Aber der Einschnitt war besser, als jetzt, wo das erste Schauspiel mit der Erklärung des Max Piccolomini gegen seinen Vater endigt, daß er seinen Feldherrn selbst befragen wolle. Zwischen diesem und dem folgenden liegt wenig Zeit; die Tragödie hebt nicht mit neuen Empfindungen an, sondern knüpft sich an die vorigen. Hätte der Aufenthalt in Eger mehr Handlung und Begebenheit, so bildete dieser wohl am schicklichsten den zweiten Theil. Man sieht nur, wie schwer sich die äußere Form dem Gegenstande hat fügen wollen.

Schiller fand den Charakter seines Helden, ja selbst die Ursachen seines Unterganges etwas dunkel und ungewiß. Seine Verschwörung hat nie können erwiesen werden, die Unthat seiner Hinrichtung hat man entschuldigen müssen. Der Feldherr hatte sich auf eine gefährliche Höhe gestellt, sein Amt selbst, seine Vollmacht und Unabhängigkeit waren furchtbar, ihm sowohl, wie seinem Herrn. Alles dies hat der Dichter selbst vortrefflich gesagt und entwickelt. Er geht aber weiter, und diese geschichtliche Anschauung verleitet ihn, über die Geschichte hinaus zu schreiten. Er zeigt uns den Helden, der endlich gezwungen wird, das zu thun und zu werden, was er sich nur als ein freies Scherzen der Gedanken erlaubte: dieses Spiel mit dem Teufel, wie er es nennt, erzeugt das ernste Bündniß mit diesem. Wallensteins wunderliche Seelenstimmung, die ungewisse Dämmerung seines Gemüthes, sein Wanken, wie seine Unfähigkeit einen Entschluß zu fassen, soll uns eben die große Lehre einprägen, daß das Leben ein Einfaches, Wahres erstreben müsse, wenn es nicht in Gefahr kommen will, dunkeln und räthselhaften Mächten anheim zu fallen. Durch diese Aufgabe, die vielleicht mehr eine philosophische, als eine poetische zu nennen ist, wird Wallenstein aber selbst ein Räthsel, der Glaube an ihn schwankt, das Interesse für ihn ermattet, er verliert, mit einem Worte, als tragische Person. Jener Begriff (oder jene Lehre, wie es oben genannt ist), den der Dichter mit vieler Kunst und großer Anstrengung, besonders aber mit klarem Bewußtsein seinem Werke einlegt, ist bei ihm ein Theil von dem, was er in diesem Gedichte das Schicksal nennt, das eben hierin zur Anschauung gebracht werden soll. Diese willkührliche Stellung (so wahr übrigens jene Lehre an sich selbst sein mag), diese bewußtvolle Absicht des Dichters macht aber aus jener großen Erscheinung des Schicksals, die aus der Gesammtheit, aus der innersten Anschauung hervorgeht, und die zwar in der hohen Begeisterung des Dichters, in der Phantasie, nicht aber in einem äußeren Begriffe einheimisch sein kann, etwas ganz anderes und beschränkteres, als sie sein soll. Jene beschränktere Lehre liegt auch bewußt und unbewußt in jener erhabenen Anschauung, aber ein viel geheimnißvolleres, nicht in Reflexionen aufzulösendes Wesen umfaßt diesen, wie noch viele andere Gedanken. Die Idee schafft diese, nicht aber umgekehrt. So wird Wallenstein von vielen, ja zu vielen Motiven seinem Untergange entgegen getrieben, Selbstständigkeit, Kampf ist nicht mehr möglich, und er erliegt den Umständen, der herbeigeführten Nothwendigkeit; es legt sich dies selbsterregte Schicksal, wie die Schlangen des Laokoon, dicht und dichter um die Brust des Leidenden und erdrückt ihn. Der freie Herkules auf dem Oeta, Ajax, Oedipus und Niobe sind aber ohne Zweifel größere Aufgaben für die Tragödie, als jener Laokoon.

Dies ist auch die Ursache, weßhalb der Schluß des Wallenstein nur wenige Wirkung hervorbringt: vorzüglich im Verhältniß zur Anstrengung, oder gegen einzelne mächtige Scenen des Gedichtes gehalten. In den beiden prosaischen Tragödien des Dichters ist der Schluß furchtbar und erschütternd, weniger im Fiesko, den die Willkühr schwächt. Man hatte Schiller vorgeworfen, seine Entwickelungen seien zu gräßlich, wild und blutig. Im Carlos ist die Katastrophe schon ungenügend, das Drama schließt eigentlich mit Posa's Tod und der Gefängniß-

Scene: und seitdem hat Schiller in keiner seiner Tragödien einen wirklich befriedigenden Schluß wieder finden können.

Daß der Dichter Kraft und Gesinnung hatte, jene Folgenreihe von Schauspielen zu geben, geht aus dem Werke selbst hervor, denn das Kriegerische, Politische und Historische ist das Herrlichste in demselben. Es war ohne Zweifel eine einseitige Theorie, die ihn veranlaßte, der Dichtung die gegenwärtige Gestalt zu geben. Wie trefflich, unvergleichlich ist der Prolog. Alles lebt, stellt sich dar, nirgends Uebertreibung, nirgend Lückenbüßer, so der ächte militärische gute und böse Geist jener Tage, daß man Alles selbst zu erleben glaubt; kein Wort zu viel, noch zu wenig. Zur Handlung selbst, von welcher er sich auch schon durch Sprache und Reimweise absondert, gehört er freilich nicht, auch fällt nichts in ihm vor, es ist Schilderung eines Lagers und der Stimmung desselben. Es ließe sich aber wohl die Frage aufwerfen, ob unser Theater nicht mehr dergleichen kleinere Gemälde haben könnte und sollte, und ob sie nicht eine eigene Gattung bilden dürften. Schilderungen anderer Art, eines ruhigen, kleinen Lebens, hätte vielleicht Iffland dichten und uns Meisterwerke geben können: Verknüpfung, Plan, Handlung, diese Foderungen sind es, die ihn und so manches andere Talent, weil sie ihnen nicht genügen konnten, so weit in das Leere und Nichtige hineingeführt haben.

Meisterhaft ist die Eröffnungs-Scene der Piccolomini; trefflich die Audienz im zweiten Act; in jedem Worte spricht der vollendete Meister, man sieht, man glaubt Alles, ja sogar der Hintergrund des schon überlebten Krieges wird lebendig und überzeugend, der Zuschauer fühlt sich ganz in jene Zeit zurück versetzt. Die Tafel-Scene hat wiederum großen Charakter: nur ist es wohl nicht unbedingt zu billigen, daß das Gemälde, wie manche des Veronese, uns so geordnet vorgeschoben wird, daß Schenken und Dienerschaft als Hauptpersonen den Vorgrund füllen, und die wichtigen Charaktere verkleinert mehr in den Hintergrund treten. Das kurze Gespräch der Diener hält der Dichter für nothwendig, aber es will sich nicht einfügen, und es gleicht den Zeilen in Büchern mit einer Hand bezeichnet: man wird zum Aufmerken ermuntert, aber man fühlt die Absicht des Dichters zu sehr.

Im folgenden Schauspiel steht die Scene Wallensteins mit

Wrangel für meine Einsicht so hoch und einzig da, daß ich sie die Krone des Stücks nennen möchte. Jedes Wort, jede Andeutung und Erinnerung tritt groß und mächtig in die Seele. Dabei das Muster einer schwierigen Unterhandlung. Diese Auftritte müssen studirt werden, um sie gehörig würdigen zu können. Dieser überzeugende Glaube fehlt, bei übrigens großen Schönheiten, der Scene, in welcher Wallenstein die Kürassiere wieder auf seine Seite zu ziehen sucht; man fühlt wieder die Absichten des Dichters zu deutlich. Die letzten Scenen, in welchen sich der Held zeigt, sind ergreifend, sein dunkles Vorgefühl, die Unzufriedenheit, ja Verstörtheit seines Gemüthes sind trefflich geschildert; aber dieselbe Mattigkeit, von der Wallenstein niedergedrückt wird, an welcher Gordon zu sichtlich leidet, theilt sich auch dem Zuschauer mit, und tiefe Wehmuth, Ueberdruß des Lebens, Verachtung seiner Herrlichkeit, Zweifel an aller Größe und Kraft des Charakters ist es, was uns am Schlusse beherrscht und stimmt. Und gewiß sollte eine Tragödie, die sich diesen großen Vorwurf gewählt hat, die mit so trefflicher Kraft ausgestattet ist, nicht mit diesen Empfindungen beschließen.

Wie, wenn Wallenstein (wie wir auch glauben müssen, wenn wir die Geschichte ernst ansehn) viel weniger schuldig, gewissermaßen ganz unschuldig war? Ich glaube, Alles würde dann nothwendig größer, nur fehlte freilich noch jener Grund des Gemäldes, der es zum Bilde machte. Als einzelne Geschichte, wie ich oben schon sagte, konnte es noch immer kein wahres vaterländisches und geschichtliches Schauspiel werden.

Die französische Tragödie begreift es nicht, wie selbst ein Philoktet ohne eine Liebesgeschichte existiren könne. Wir Deutschen haben den Sophokles schon längst über diesen Mangel gerechtfertigt, ja wir finden die Foderung unserer Nachbarn lächerlich, und fühlen, wie auch Shakspeare's Bürgerkriege ohne diese Zugabe, die fast das ganze neuere Drama beherrscht, sein dürfen. Aber dennoch besitzen wir kein Gedicht (Caspar der Thoringer und Otto etwa ausgenommen), das sich bis zur allgemeinen Beliebtheit Bahn gemacht hätte, ohne eine Beimischung der Liebe und Leidenschaft. Wo die Frauen, sei es durch Verstand oder Schönheit, eine große Rolle in der Geschichte gespielt haben, muß der Dichter ohne Zweifel sie ebenfalls einwirken lassen, und es wäre mehr als thörichter

Eigensinn, sie hier abweisen zu wollen. Auch in einem dramatischen dreißigjährigen Kriege darf im Anbeginn die Prinzessin Elisabeth nicht fehlen, selbst späterhin kann sie noch ein episodisches Interesse erregen. Göthe's Egmont ist, so wie ihn der Dichter in trunkener Begeisterung schön empfangen und vollendet hat, ohne die Figur Klärchens gar nicht zu denken, eben so wenig sein Götz ohne Maria und Adelheid; wenn auch ein anderer großer Dichter diese Begebenheiten ohne Einwirkungen der Liebe hätte darstellen können. Aber für unsere Literatur ist es zu bedauern, daß Schiller damals nicht den Entschluß fassen konnte, jenen grauenhaften Bürgerkrieg der Wahrheit gemäß auszumalen, und sich, zu sehr der hergebrachten Form folgend, mit einer unbefriedigenden Episode begnügte. Da er das mächtige Interesse für das Vaterland fallen ließ, so mußte er sich freilich nach Wesen und Tönen umthun, die der spröden Materie Geist und biegsames Leben einflößen konnten. ...

Durch das ganze Werk empfindet man, trotz aller Anstrengung und Kunst, das Hereingezwungene und Unpassende der weiblichen Figuren. Die Herzogin wirkt so wenig, sie erregt nur so geringe Theilnahme, sie ist so allgemein gehalten, und kann immer und immer nur wieder von ihrer Sorge und ihrem Schmerze sprechen, daß man deutlich fühlt, sie habe den Dichter selbst beängstigt, so oft er sie mußte auftreten lassen. Die Terzky, die diesen ganzen leidenschaftlichen Theil zusammen halten soll, ist im Grunde eben so überflüssig, daher auch ihr letztes Erscheinen keine tragische Wirkung hervorbringen kann; und die Liebe selbst ist eine schön gedichtete Episode, gegen welche sich aber das übrige Werk, und zwar das Beste und wahrhaft Historische in ihm, mit allen Kräften sträubt, die daher auch nicht, mit dem Ganzen verflößt, harmonisch mit diesem zusammenklingen kann. Daß viele jugendliche Gemüther diesen Theil dem Ernst-Kriegerischen und Groß-Historischen, die sanften, zarten Töne dem vollen Klang und der Rede der ächten Tragödie vorziehen, ist an sich nicht unlöblich, kann aber der Kritik keinen Eintrag thun.

Schiller hat in der Schöpfung seiner weiblichen Charaktere keine große Mannigfaltigkeit bewiesen; dies ist gerade der Punkt, wo seine Schwäche am meisten sichtbar wird. Alle seine Heldinnen sind so ganz von Liebe durchdrungen, daß sie in ihrer hohen und edlen Leidenschaft unüberwindlich erscheinen; sie sprechen sich gleich beim Auftreten so stark und voll aus, daß kaum eine Steigerung möglich bleibt. Daher ist bei ihm die Liebe ein hoher Rausch, oder eine edle Resignation, und wir hören in allen diesen Gestalten weit mehr den Dichter, als die Natur sprechen. Sonderbar, daß ihm gerade dieser Mangel die Herzen scheint gewonnen zu haben.

Ganz dithyrambisch ist seine Amalie in den frühen Räubern, die Louise in Kabale ist ihr ganz ähnlich, die Leonore im Fiesko ist nur das geschwächte Bild dieser, weil hier die Intrigue und mannigfaltige Geschichte vorherrscht. Die Königin in Carlos, eben so groß, edel und ergeben: von der Eboli und ähnlichen Charakteren können wohl selbst die einseitigen Verehrer des Dichters nicht ganz läugnen, daß sie verzeichnet sind. In der Thekla spricht sich diese Weiblichkeit, die mehr Abstraktion als Wirklichkeit zu nennen ist, am edelsten aus. In der Maria Stuart wurde der Dichter von der Geschichte gezwungen, ihr etwas mehr Wahrheit, Schwäche und Verirrung zu geben, und sie ist auch wohl sein gelungenster weiblicher Charakter. Die sonderbare Jungfrau erscheint im Anfang spröde und wunderlich, in ihrer unbegreiflichen Liebe aber wieder in der Manier des Dichters, ganz so die Braut von Messina und das Fräulein im Tell.

Findet man bei unserm größten Dichter auch, daß Clärchen und Margarethe, diese wundersamen Schöpfungen, eine ähnliche Physiognomie haben, ja möchte man selbst die Marien im Clavigo und Götz ihnen gewissermaßen zugesellen, so wie die Mariane der Geschwister, so sind dennoch die reine Iphigenie, die Prinzessin Lenore, und wie viele treffliche Gebilde zu berücksichtigen, die uns aus seinen kleineren Werken, so wie aus seinen Romanen und Erzählungen entgegen leuchten, daß wir in ihnen die reiche Schöpfergabe des Dichters, so wie in seinen Gestalten die Wahrheit und in so verschiedenen Modifikationen die ächte Weiblichkeit bewundern müssen. Unsere verwirrten Tage und die immer mehr einbrechende rohe Anarchie machten es nöthig, dergleichen in Erinnerung zu bringen, was ehemals überflüssig erscheinen konnte.

Schiller leiht auch seinen Männern oft Gesinnungen und Reden, die den Umständen und ihrem Charakter nicht ganz angemessen sind, und in welchen man nur den reflektirenden Dichter vernimmt: aber groß und wahr, selbstständig und lebendig sind die meisten seiner Figuren, und es wäre unnütz, dies noch beweisen zu wollen, da man bei ihnen wohl einzelne Reden tadeln, aber an ihrer Individualität nicht so, wie bei den meisten Weibern des Dichters, zweifeln kann. ...

Es geht ein finst'rer Geist usw. Diese berühmten Verse, die sich durch den Reim noch besonders herausheben, gehören zu denen, wo der Dichter die Person fast ganz vergißt, und sie das sagen und poetisch ausmalen läßt, was der Hörer wohl mehr oder weniger bestimmt empfinden und denken wird. Es klingt ganz wie das Gedicht eines tiefempfindenden Zuschauers auf das Stück selbst. Dergleichen hat Schiller in allen seinen Werken, und daß diese schildernden Sentenzen, diese gewissermaßen gesungenen Gesinnungen so isolirt stehen, aus dem Werke herausfallen, das ist es gerade, was sie so beliebt gemacht und so viele Nachahmungen veranlaßt hat. Diese undramatische Eigenheit ist in der Maria Stuart einige Mal noch stärker, auffallender noch in der Jungfrau, und in der Braut auf die höchste Spitze getrieben. Dies Tadelnswürdige hat begeistert, und ist seitdem verzerrt in Nachäffungen wiedergegeben worden, und man kann darum behaupten, daß Schiller selbst, so wie er gewissermaßen erst unser Theater gegründet hat, auch der ist, der es zuerst wieder zerstören half.

– Es schleudert selbst der Gott der Freude
Den Pechkranz in das brennende Gebäude.

...

OTTO LUDWIG

Wallenstein

So lange Wallenstein bloß repräsentirt, ist er prachtvoll, es scheint sich hinter dieser ruhigen Würde, diesem Selbstgefühl eine Kraft zu bergen, sich selbst gefangen zu halten, der das Gewaltigste möglich ist. Aber sobald es dazu kommen soll, diese Kraft zu entfalten, gerät er mit sich selbst in Widerspruch; die kühn umgreifende Gemütsart zeigt sich als eine bloße Phrase; man sieht, alle, die von seiner Verwegenheit, von seinen Feldherrngaben reden, täuschen sich. Dagegen zeigt er eine Gemütlichkeit, die uns den ganzen Boden, auf dem sich seine Gestalt bewegt, vergessen läßt. Sein Leiden hat durchaus nichts von dem Helden, der zugleich zürnt, wenn und daß er Schmerz empfindet, dessen Schmerz wiederum die Quelle männlicher Thaten wird; es ist das resignierte eines Weibes. Und zuletzt doch mit all seiner Gemütlichkeit ein Verbrecher, aber kein Verbrecher aus Überkraft, an dem wir wenigstens die Kraft respektieren müssen, sondern ein Verbrecher aus Schwäche, den wir nicht allein von andern, sondern auch von sich selbst mit allen Mitteln stimulieren sehen, die die schwächste Kraft zur That aufstacheln müßten, und doch umsonst, bis er eben nicht anders kann und die Verzweiflung für den Mut einstehen läßt, den er nicht hat. Wir wissen nie, wie wir mit ihm daran; sind wir vorbereitet, den historischen Wallenstein in ihm zu erwarten, so wird er auf einmal zum sentimentalen Hausvater; haben wir uns daran gewöhnt und erwarten nun diesen konsequent durchgeführt, so ist er auf einmal wieder der Feldherr, einmal der Realist, einmal der Idealist, aber immer der schwache Charakter, der jedesmal das ist, wozu ihn die Situation macht, der nie die Situation macht, sondern jedesmal von der Situation gemacht wird. Je weiter in das Stück hinein, je mehr fällt der Charakter. Auch die Sprache wird immer weitschweifiger, markloser. Über das Gerüst der Komposition ist die Diktion wie ein weiter Prachtmantel mit Falten und unzähligen Pretiosen gebreitet, so daß man die Schwächen derselben nicht gleich sehen kann. Er bedeckt die Sprache der naiven Natur dermaßen, daß ihre Spur fast verschwindet. Das Schlimmste: wir sehen ihn kleine Künste ausüben, die Pappenheimer zu beschwätzen, den Max mit Sophismen zu umspinnen zeigt er sich bereit und geschickt, zu einem großen Verbrechen fehlt ihm der Mut. Das nützt ihm moralisch nichts und macht ihn ästhetisch widerwärtig....

So haben wir denn in seinem Wallenstein ein Bild, wie es ein Landschafter machen würde, der verschiedne Gesichtspunkte in einem vereinigen wollte. Wie breit ist die Rolle des Wallenstein angelegt, und doch bleibt er uns unverständlich. Shakespeare weiß mit wenig starken Strichen ein unendlich klares Bild zu geben, selbst sein Hamlet ist ein Wunder von Bestimmtheit gegen diesen Wallenstein. Wie kommt das aber? Weil Wallenstein ein geistreicher Mann ist, der über so viel andres wunderbar schön und geistreich sprechen muß und daher wenig Raum übrig behält, um das zu sagen, was er uns eigentlich sagen müßte. Und dann, weil dieser weite, darüber gemalte Mantel die inkonsequente Zeichnung verbirgt. So knapp ausgeführt, wie die Shakespearischen Helden, würde die Unwahrheit und Inkonsequenz des Charakters allen denen ins Gesicht schlagen, die jetzt den Wald vor Bäumen, den Menschen vor seinem Redeschmucke nicht sehen. Goethe hat Schwächlinge, aber er giebt sie für nichts andres aus, er macht sie höchstens liebenswürdig, aber hier sollen wir Schwächlinge bewundern; Schiller bietet alle Kraft seines großen Genius auf, sie als Helden erscheinen zu lassen. Ein Held hat Intentionen, er reflektiert nicht; wenn er es thut, so ist es darüber, wie er seine Intentionen verwirklichen kann. Wallenstein hat keine Intentionen, ihn treibt nicht eine Leidenschaft, eine Absicht vorwärts, er weiß nicht, was er will. Bei einem Helden ist der Verdienst im Dienste einer Intention, er will etwas; bei Wallenstein ist es umgekehrt, andre reden ihm zu, er selbst will nicht. Die Schillerischen Charaktere sind eher das Gegenteil der Shakespearischen. Shakespeare würde aus dem Wallenstein dessen eignes Ideal gemacht haben, während die Idealität, die der Schillerische hat, diesem von außen und widersprechend aufgeladen ist. Shakespeare und nach ihm Goethe konstruieren den Charakter aus seiner Schuld, d. h. sie richten diesen so ein, daß die Schuld sich ohne weiters aus dieser seiner Anlage erklären läßt. Von dieser Charakteranlage aus idealisiert nun Shakespeare den Charakter, so daß eben dasselbe, was ihn schuldig werden läßt, unsern Anteil an ihm erregt, zunächst die Kraft, schuldig werden zu können. Er verfährt mit seinen Helden aus Novelle oder Geschichte wie Tizian, Rembrandt, Rafael mit dem Originale, das sie porträtieren; er macht eine Totalität aus ihnen, d. h. er idealisiert sie durch Steigerung des Wesentlichen, durch Fallenlassen des Unwesentlichen, durch Hervorheben des Zusammenhanges; er macht sie gleichsam sich selber ähnlicher. Dagegen hat Schiller sich das absolute Ideal des Menschen konstruiert; wenn er einen Helden idealisiert, so heißt das: er mischt Züge, die seinem Originale eigentümlich sind, mit Zügen jenes allgemeinen Ideals; er verfährt, wie ein Maler thun würde, der etwa die Venus von Milo in das Porträt einer beliebigen Dame hineinmalen wollte, gleichgültig, ob diese Züge nun einander widersprechen oder nicht. Es lag für einen Shakespeare nahe genug, was Wallenstein für den Kaiser gethan, Dienste, die, wie der Schillerische sagt, Verbrechen waren, und den Undank des Kaisers, als er ihn zu Regensburg den Fürsten opferte, die eben um jener Dienste willen ihn haßten, zu Motiven Wallensteins zu machen. Schiller stellt den Wallenstein so dar, wie ihm eine solche Schuld eben am fernsten liegen mußte. Was man von dem historischen Wallenstein weiß, wäre in eines Shakespeares Hand zu einem grandiosen Bilde geworden. Der Schillerische, ein Zungenheld, wie das deutsche Publikum sie gerne hat, spricht Dinge, die meist wundervoll schön sind, wenn man sie sich von Schiller selbst gesprochen denkt, und die ihm nicht leicht ein andrer nachsprechen wird; das meiste aber davon ist in Wallensteins Munde unwahr, wie die ganze Gestalt. Das Idealisieren besteht darin, eine Gestalt durch Erhöhung zum Ideale ihrer selbst zu machen; nicht darin, so viel als möglich Sentimentalität in einen gegebnen Charakter hineinzutragen, unbekümmert darum, daß die Gestalt dadurch aufgehoben wird. Ein sentimentaler Wallenstein ist gar kein Wallenstein mehr. Goethe maskiert die Schwäche nicht, Schiller aber giebt ihr einen blendenden Anschein von Kraft. Das ästhetische Urteil darf nicht vom sittlichen getrennt werden, wonach wir bestochen werden, in der Poesie ein Thun zu bewundern, das uns im wirklichen Leben mit Widerwillen erfüllt. So schlecht die Wirklichkeit sein möge, es ist mehr wahre Poesie darin, als in der idealen Verklärung der Schwäche, als in einer idealen Schattenwelt. Shakespeare würde uns auch für das Bild des wirklichen Wallenstein interessiert haben, aber ohne zweideutiges Werben um unsre Liebe für ihn, und das ist's, was ich an Shakespeare sittlich finde, denn dem Schlechten soll unsre Liebe nicht gewonnen, unser Gefühl für das Gute und Schlechte soll nicht durch das Schöne verwirrt werden. – Nach Schillers Vorgange ist es fast unmöglich geworden, das Schlimme anders in der Tragödie zu bringen, als unter dem glänzenden Firnis des Schönen und Liebenswerten. Und unter Schillers Stücken wiederum ist das Gift am feinsten und sublimiertesten eben im Wallenstein. – Weit entfernt, daß Schiller eine unsittliche Absicht gehabt hätte, er war ein so streng sittliches Gemüt, daß ihm das Schöne immer, ohne daß er es weiß, ins Gute übergeht. Was ihn persönlich entschuldigt, das ist eben in seinem Wallenstein das Gefährliche, daß, wo er uns bloß ästhetisch für das Schlimme interessieren will, er uns zugleich moralisch dafür gewinnt; das Publikum hat diese Gutherzigkeit instinktmäßig herausgefühlt, und solche Gutherzigkeit am unrechten Flecke will es nun in der Tragödie, und wenn der Dichter auch grundsätzlich diesem Motive des Beifalls aus dem Wege geht, so kommt es gar nicht auf den wahren Grund, sondern meint, der Dichter habe gewollt, was ihm, dem Publikum, an Schiller so gefällt, aber er habe es nicht gekonnt.

QUELLENNACHWEIS

Der Druck richtet sich nach den im folgenden Verzeichnis angeführten Quellen. Die Genehmigung zum Abdruck wurde, wo nötig, bereitwillig erteilt, wofür den Verlagen gedankt sei.

LUDWIG BÖRNE
Sämtliche Schriften. Neu bearbeitet und hrsg. von Inge und Peter Rippmann. Bd. I. Düsseldorf 1964
    S. 112 *Aus:* Hamlet von Shakespeare [ED 1828] – S. 490–492, 497–499

GEORG BÜCHNER
Werke und Briefe. Gesamtausgabe. Hrsg. von Fritz Bergemann. 10., berichtigte Aufl. Wiesbaden 1966
    S. 45 *Dichter und Geschichte – aus:* Brief an die Familie, 28. Juli 1835 – S. 399–401

WILHELM DILTHEY
Die große Phantasiedichtung und andere Studien zur vergleichenden Literaturwissenschaft. Göttingen 1954: Die Technik des Dramas [ED 1863: Besprechung von Gustav Freytag, „Die Technik des Dramas"]
    S. 77 *Aus:* Die Gliederung der Tragödie – S. 149–152

THEODOR FONTANE
Sämtliche Werke. Bd. XXII,1. München 1964: Causerien über das Theater, 1. Teil. Hrsg. von Edgar Groß
    S. 89 *Aus:* Sophokles: König Ödipus [ED 1873] – S. 292–294

GUSTAV FREYTAG
Gesammelte Werke. 2. Aufl. Bd. XIV. Leipzig 1897: Die Technik des Dramas [ED 1863]
    S. 70 Spiel und Gegenspiel – S. 93–101

JOHANN WOLFGANG VON GOETHE
Gedenkausgabe (Artemis). Hrsg. von Ernst Beutler. Bd. XIV. Zürich 1950
    S. 96 Die Tochter der Luft [ED 1822: Über Kunst und Altertum III,3] – S. 844–847

CHRISTIAN DIETRICH GRABBE

Werke und Briefe. Hist.-krit. Gesamtausgabe in 6 Bdn. Hrsg. von der Akademie der Wissenschaften in Göttingen. Bearbeitet von Alfred Bergmann. Bd. IV. Emsdetten 1966
- S. 105 *Aus:* Über die Shakspearo-Manie [ED 1827] – S. 39–41, 44–46
- S. 120 *Aus:* Wallensteins Tod [ED 1835] – S. 149–151

FRANZ GRILLPARZER

Sämtliche Werke. Fünfte Ausgabe in 20 Bdn. Hrsg. von August Sauer. Bd. XV. Stuttgart o. J.: Aesthetische Studien. Zur Dramaturgie [ED 1872]
- S. 47 *Aus:* Ueber den gegenwärtigen Zustand der dramatischen Kunst in Deutschland [entst. a: 1822, b: 1837, c: 1819 bis 1820, d: 1836, e: 1819 (?), f: 1839] – S. 91–93
- S. 48 *Vom Schicksal* [entst. a: 1817, b: 1837] – S. 94–97, 101

FRIEDRICH HEBBEL

Sämtliche Werke. Hrsg. von Richard Maria Werner. Bd. XI. Berlin 1903
- S. 55 *Aus:* Mein Wort über das Drama! [ED 1843] – S. 5–6
- S. 56 *Aus:* Vorwort zur „Maria Magdalene", betreffend das Verhältnis der dramatischen Kunst zur Zeit und verwandte Punkte [ED 1844] – S. 43–44, 52–57, 62–64

GEORG WILHELM FRIEDRICH HEGEL

Ästhetik. Hrsg. von Friedrich Bassenge. Berlin 1955 [ED 1835–1842; entst. 1818–1828]
- S. 35 *Über die Tragödie* – S. 1070–1074
- S. 40 *Schuld und Unschuld* – S. 1086–1087
- S. 41 *Über die Komödie* – S. 1091–1093
- S. 86 *Antigone* – S. 1085–1086, 1089

Sämtliche Werke. Jubiläumsausgabe in 20 Bdn. Hrsg. von Hermann Glockner. Bd. XX. Stuttgart 1930
- S. 122 Ueber „Wallenstein" [ED 1835; entst. um 1800] – S. 456 bis 458

HERMANN HETTNER

Das moderne Drama. Hrsg. von Paul Alfred Herbach. Berlin und Leipzig 1924 (= Dt. Literaturdenkmale d. 18. u. 19. Jhdts., Nr. 151, Vierte Folge Nr. 1) [ED 1852]
- S. 69 *Über die neuere Tragödie* – S. 56–57

Friedrich Hölderlin
Sämtliche Werke. Stuttgarter Ausgabe. Hrsg. von Friedrich Beißner.
Bd. V: Übersetzungen. Stuttgart 1952
   S. 88 *Aus:* Anmerkungen zum Oedipus [ED 1804] – S. 201–202

Karl Immermann
Über den rasenden Ajax des Sophokles. Magdeburg 1826 [= ED]
   S. 44 *Aus:* Tragische Ironie – S. 68–70
Werke. Hrsg. von Robert Boxberger. 19. Teil. Berlin [1883]: Tagebuch September 1836–Februar 1837
   S. 98 *Calderons „Die Tochter der Luft"* – S. 142–148

Jean Paul
Vorschule der Ästhetik. Hrsg. von Norbert Miller. München 1963 [ED 1804]
   S. 3 Verhältnis des Drama und des Epos – S. 231–233
   S. 5 *Aus:* Fernere Vergleichung des Drama und des Epos – S. 236 bis 238
   S. 7 Epische und dramatische Einheit der Zeit und des Orts – S. 238–240

Otto Ludwig
Werke in 6 Bdn. Hrsg. von Adolf Bartels. Bd. VI: Ausgewählte Studien und kritische Schriften. Leipzig [1908]
   S. 109 *Aus:* Shakespeare-Studien [ED 1871; entst. um 1860]: Keine Tugendhelden. Tragische Formel Shakespeares – S. 26 bis 27
   S. 111 Einfachheit der Maschinerie – S. 39–40
   S. 111 Das Verbergen der Maschinerie. Schuld und Charakter – S. 40
   S. 130 *Wallenstein – aus:* Schiller [ED 1871; entst. um 1860] – S. 179, 185–187

Johann Nestroy
Sämtliche Werke. Hist.-krit. Gesamtausgabe in 12 Bdn. Hrsg. von Fritz Brukner und Otto Rommel. Bd. V. Wien 1925
   S. 52 Über das Schicksal – *aus:* Skizzen zur Posse „Höllenangst" [ED 1849] – S. 702–706

Friedrich Nietzsche
Gesammelte Werke. Musarion-Ausgabe. Bd. III: Die Geburt der Tragödie. München [1920] [ED 1871]
   S. 118 *Hamlet als dionysischer Mensch* – S. 55–56

FRIEDRICH WILHELM JOSEPH VON SCHELLING
Philosophie der Kunst. Darmstadt 1960 [Unveränderter photomechan. Nachdruck der aus dem handschriftlichen Nachlaß herausgegebenen Ausgabe von 1859; entst. 1802–1803]
   S. 17 *Aus:* Von der Tragödie – S. 337–348

AUGUST WILHELM SCHLEGEL
Kritische Schriften und Briefe. Hrsg. von Edgar Lohner. Bd. V und VI: Vorlesungen über dramatische Kunst und Literatur. Stuttgart 1966 und 1967 [ED 1809]
   S. 9 *Das Dramatische und das Theatralische – aus:* 2. Vorlesung – Bd. V, S. 28–30, 34–39
   S. 85 *Über Antigone – aus:* 7. Vorlesung – Bd. V, S. 95–96
   S. 92 *Über Calderon – aus:* 35. Vorlesung – Bd. VI, S. 263–267

ARTHUR SCHOPENHAUER
Sämtliche Werke. Bd. II: Die Welt als Wille und Vorstellung. 2. Aufl. Wiesbaden 1949 [ED 1818]
   S. 32 *Das Trauerspiel – aus:* 3. Buch, § 51 – S. 298–301

KARL WILHELM FERDINAND SOLGER
Vorlesungen über Ästhetik. Hrsg. von Karl Wilhelm Ludwig Heyse. Darmstadt 1962 [Photomechan. Nachdruck der 1. Aufl. Leipzig 1829; entst. 1819]
   S. 27 *Aus:* Von der dramatischen Poesie – S. 308–314

LUDWIG TIECK
Dramaturgische Blätter. 1. Bändchen. Breslau 1826 [= ED]
   S. 123 *Aus:* Die Piccolomini. Wallensteins Tod – S. 60–68, 70–73, 75–76

FRIEDRICH THEODOR VISCHER
Kritische Gänge. Hrsg. von Robert Vischer. Bd. VI. 2. Aufl. München 1922
   S. 64 *Aus:* Zum neueren Drama. Hebbel [ED 1847] – S. 43–44, 46–47, 51–54
   S. 116 *Aus:* Shakspeares Hamlet [ED 1861] – S. 85–88

Als Band 4 der Deutschen Texte ist erschienen:

DEUTSCHE DRAMATURGIE VOM BAROCK BIS ZUR KLASSIK

Herausgegeben von Benno von Wiese
3., unveränderte Auflage 1967

Inhalt:

MARTIN OPITZ
  Aus: Buch von der Deutschen Poeterey.

GEORG PHILIPP HARSDÖRFFER
  Aus: Poetischer Trichter.

JOHANN CHRISTOPH GOTTSCHED
  Aus: Versuch einer Critischen Dichtkunst.

JOHANN ELIAS SCHLEGEL
  Aus: Schreiben an den Herrn N. N. über die Comödie in Versen. *Aus:* Vergleichung Shakespears und Andreas Gryphs. *Aus:* Abhandlung, daß die Nachahmung der Sache, der man nachahmet, zuweilen unähnlich werden müsse. *Aus:* Vorrede zu Theatralische Werke. *Aus:* Gedanken zur Aufnahme des dänischen Theaters.

GOTTHOLD EPHRAIM LESSING
  Aus dem Briefwechsel. Aus: Briefe, die neueste Literatur betreffend, 17. Brief. *Aus:* Hamburgische Dramaturgie.

HEINRICH WILHELM VON GERSTENBERG
  Aus: Briefe über Merkwürdigkeiten der Litteratur.

JOHANN GOTTFRIED HERDER
  Aus: Shakespear. *Aus:* Kalligone. *Aus:* Adrastea.

JAKOB MICHAEL REINHOLD LENZ
  Aus: Anmerkungen übers Theater. *Aus:* Rezension des neuen Menoza.

GOTTFRIED AUGUST BÜRGER
  Aus: Aus Daniel Wunderlichs Buch.

Johann Wolfgang von Goethe

Aus: Aus Goethes Brieftasche. Zum Schäkespears Tag. *Aus:* Shakespeare und kein Ende. *Aus:* Wilhelm Meisters Lehrjahre. *Nachtrag zum Brief an Schiller vom 26. April 1797.* Über epische und dramatische Dichtung. *Aus:* Noten und Abhandlungen zum Divan. *Aus:* Prolog zur Eröffnung des Berliner Theaters am 26. Mai 1821. Nachlese zu Aristoteles' Poetik. *Aus:* Maximen und Reflexionen. *Aus Briefen und Gesprächen.*

Friedrich von Schiller

Aus: Die Schaubühne als eine moralische Anstalt betrachtet. *Aus:* Über den Grund des Vergnügens an tragischen Gegenständen. *Aus:* Über die tragische Kunst. *Aus:* Über das Pathetische. *Aus:* Über das Erhabene. Über den Gebrauch des Chors in der Tragödie. *Aus dem Briefwechsel. Aus dem Nachlaß.*

Die Bände 4 und 10 der Deutschen Texte ergänzend erscheint 1969:

DEUTSCHE DRAMATURGIE
VOM NATURALISMUS BIS ZUR GEGENWART

Herausgegeben von Benno von Wiese

Geplanter Inhalt:

I. Teil: Dramaturgie des Naturalismus – enthaltend Texte von Alfred Kerr, Otto Brahm, Arno Holz, Hugo von Hofmannsthal, Paul Ernst.

II. Teil: Die neuen Vorbilder: Strindberg, Wedekind, Hofmannsthal – enthaltend Texte von René Schickele, Julius Bab, Karl Kraus, Franz Blei, Rudolf Borchardt.

III. Teil: Dramaturgie des Expressionismus – enthaltend Texte von Kurt Pinthus, Walter Hasenclever, Yvan Goll, Rudolf Leonhard, Franz Werfel, Erwin Piscator.

IV. Teil: Die Dramaturgie der Dichter – enthaltend Texte von Georg Kaiser, Carl Sternheim, Gerhart Hauptmann, Arthur Schnitzler, Hugo von Hofmannsthal, Robert Musil, Bertolt Brecht, Friedrich Dürrenmatt, Max Frisch.

V. Teil: Theorie und Kritik der Philosophen – enthaltend Texte von Georg Lukács, Max Scheler, Walter Benjamin, Karl Jaspers.